西溪丛书

近代中国江南基督宗教文人研究

（1868-1919）

STUDIES OF
LATE-QING-EARLY-REPUBLICAN CHINESE
CHRISTIAN LITERATI
IN YANGTZE DELTA (1868–1919)

— 边茜 著 —

社会科学文献出版社
SOCIAL SCIENCES ACADEMIC PRESS (CHINA)

目录

绪　论

清末民初的江南地区，一批信仰基督宗教的中国文人在文学领域辛勤耕耘。他们的努力与成果反映了当时中国文学界的一个侧面，对今天的人们颇有借鉴意义。这一群体留存下的文学著作（单行本）相对零散，报章杂志则为了解他们提供了重要补充。

一　解题

本书的一个关键词是“基督宗教”。“基督宗教”（Christianity）一词是对信奉耶稣基督为救世主的各种教派的统称。之所以未使用“基督教”来指代，是因为这个词语同时有广义和狭义两种解释：从广义上说，它是“基督宗教”（Christianity）的同义词；从狭义上看，它专指16世纪欧洲宗教改革中产生的新的教派，即新教（Protestantism）。本书的讨论聚焦于天主教（Catholicism）与新教（Protestantism）。天主教亦称公教、加特力教、旧教等，中文“天主”一词，为明末耶稣会士进入中国后借用中国原有称谓对所信之神的译名。该教是基督宗教中历史最悠久、人数最多的派别，有一整套等级分明的教阶体制，以教宗为其最高领袖，罗马教廷为中央行政机关协助教宗训导和治理教会。中世纪时，天主教成为西欧各国中占统治地位的宗教，至16世纪宗教改革运动兴起，在欧洲部分国家中丧失统治地位。[①] 新教在西方一般称“抗

① 参见丁光训、金鲁贤主编《基督教大辞典》，上海辞书出版社，2010，第625~626页。

议宗”（Protestantism），亦称“抗罗宗”，源自德文“抗议者”（Protestanten）。它的中文译为“新教”，表示与作为“旧教”的天主教相区别，亦称“耶稣教”“更正教”等。新教指16世纪欧洲宗教改革运动里脱离天主教而产生的新宗派，其派别众多，一般主张教会制度多样化，重视信徒直接与上帝相通，不需神父中介，在教义上与天主教的根本不同是强调因信称义、信徒皆祭司和《圣经》具有最高权威这三大原则。新教还主张采用民族语言进行礼拜活动。①

本书的考察对象是在近代中国江南地区进行活动的、信仰基督宗教的文人。此处的“文人”对应英文单词“literati”，使用该称谓是为了说明这一群体在知识结构和社会阶层上的多样性。和“intellectual”（常译为“知识分子”）的比较或许可以更好地说明使用“literati”概念的意义。《不列颠百科全书》在“literati”条目下解释为“scholars in China and Japan whose poetry, calligraphy, and paintings were supposed primarily to reveal their cultivation and express their personal feelings rather than demonstrate professional skill”②，即“以诗歌和书画展现教养与个人情感（而非展示专业技巧）的中国与日本学者”。在较为权威的《韦氏词典》中，“literati”有两个解释：“the educated class; also intelligentsia”（受过教育的阶层；亦可用 intelligentsia），以及“persons interested in literature or the arts”（对文学和艺术感兴趣的人）③；而“intellectual”指人时，解释为“an intellectual person”，即“有才智的人，使用理性思维能力的人，依靠理智而非感情或经验（行动）的人”④。“literati”指出了指代对象“受过教育，有一定文化水平”和“对文学和艺术感兴趣”的特征，但不涉及“理性”问题；“intellectual”这一称呼则隐

---

① 参见丁光训、金鲁贤主编《基督教大辞典》，第708～709页。

② “literati”，《不列颠百科全书》网络版，https://academic.eb.com/。

③ “literati”，《韦氏词典》网络版，https://www.merriam－webster.com/。

④ “intellectual”，《韦氏词典》网络版，https://www.merriam－webster.com/。

含着“理性”这一必备条件。在学者的讨论中，“literati”与“intellectual”的另一关键区别是前者并不把“自主性/独立性/批判性（特别是对政府的态度）”作为隐含的必要条件。西尔斯（Edward Shils）认为“intellectual”（知识分子）“与任何社会的实际制度所体现的价值取向之间应存在着某种张力”[①]。邓腾克在研究近现代中国文人的论文中，也对 literati 和 intellectual 有所区分：“英语中的 literati 这个词常被用来称谓中国的传统儒士，一般而言，他们缺乏我们在运用 intellectual 这个词的时候所联想的那种自主精神。”[②] 就本书讨论的对象而言，笔者将这一群体称为“基督宗教文人”。这一群体在文学史上曾有所贡献，其教育经历和一定的文化水平是必需条件。考虑到这一群体同时受到中西两种文化传统的影响，用具有现代性色彩的“理性”概括他们显然不够全面。无论从思想还是从行动上，“独立性/批判性”则更难成为对他们统一的评价：虽然接触、学习了西方文明，晚清仍有一部分基督宗教文人参加科举，或在文字中抒发对功名的期冀与失落之情；民国时期，又有为数众多的基督宗教文人与政府合作，或者直接在政府任职，其中不乏接受过现代西式教育的归国留学生。因此，“文人”（literati）一词虽然涵盖面较为广泛，却是较为适合本书研究对象的称谓——即便这个词有时伴随着轻微的贬义，或令人想起“守旧”的、不那么“进步”的人群，也恰好切合笔者即将讨论的情况：在近代中国，基督宗教信徒常常因信“洋教”被人视为“异类”，其中既有笃信教义、缺乏变通的“保守者”，也有立场温和、“新潮”不足的“落后者”。

本书中的“江南地区”，指今天的江浙沪地区。这片富庶之乡有深

---

① 〔美〕西尔斯：《知识分子与当权者》，傅铿等译，桂冠图书公司，2004，第 8 页。

② 此处采用方维规的翻译，原文为：“The English term ‘literati’ is often used to designate the traditional Chinese scholar who, in the common view, lacked the kind of autonomy we associate with the term ‘intellectual’.” Kirk Alexander Denton (ed.), *Modern Chinese Literary Thought. Writings on Literature* 1893 - 1945, Stanford: Stanford University Press, 1996。载方维规《“Intellectual”的中国版本》，《中国社会科学》2006 年第 5 期。

厚的人文传统，在物质和精神上都为文学发展提供了良好的土壤。近代上海开埠之后，这里成为中西文明碰撞交流的前沿。上海逐渐成为中国商业和市民文化的中心，大量外来观念和新生事物经此地输入、传播，而天主教和新教也都把这座城市作为开展事业的重镇。之所以选择对在这一地区活动的文人进行考察，是因为这样可以更明确地分析该地区在文学发展史上的影响，既避免了遗漏非本地籍贯的相关人物，又排除了系籍于此而长期在其他地区生活的人群。

最后，还要对标题里“近代”对应的时间范围进行简单说明。一般认为从第二次鸦片战争（1842）到辛亥革命（1911）都属于“近代”，而关于“近代”的起点和终点则众说纷纭。本书研究的资料中年份最早的是1868年创刊的《教会新报》，因此所研究年份的上限定于1868年。对于近代中国基督宗教事业来说，1919年五四运动爆发后，中国社会民族主义思潮高涨，质疑和批评基督宗教的声浪日益增强，这不仅使基督宗教在中国处于十分不利的舆论地位，而且切实影响到了教会参与的活动，特别是使大量青年学生转投反对基督宗教或基督宗教教会的阵营。以新教圣公会在上海创办的圣约翰大学附中为例，因为不满校方处分参加爱国游行的学生，该校学生向《申报》撰文申诉，而校方仍然坚持前议，于是200多名学生愤而离校罢课。五四运动后对基督宗教逐渐增长的不满，终于酝酿成1922年的非基督教运动。中国基督宗教信徒方面，为了应对五四运动之后基督宗教在中国处境的变化，也出现了不同的立场与应对措施。可以认为，1919年是中国社会对基督宗教态度变化的分水岭，中国基督宗教文人在思想和行动上发生了转变，因此本书将研究的时间下限定于1919年。

二　研究动机与研究概况

对于中国基督宗教发展与中国社会、文化的关系，已有众多学者展开研究，但就基督宗教与中国文学关系领域，则存在着若干不平衡，主要体现在以下三方面。

首先，研究时代上，出现了“两头热，中间冷”的现象，明末清初、现代和当代受到较多的关注，而对清末民初的研究相对较少。就专著而言，对明末清初时期的研究，有李奭学的《中国晚明与欧洲文学：明末耶稣会古典型证道故事考诠》（2005）及《译述：明末耶稣会翻译文学论》（2012）两部著作；对中国现代文学的研究，有马佳《十字架下的徘徊：基督宗教文化和中国现代文学》（1995）、刘勇《中国现代作家的宗教文化情结》（1998）、杨剑龙《旷野的呼声：中国现代作家与基督教文化》（1998）、王本朝《20世纪中国文学与基督教文化》（2000）和刘丽霞《中国基督教文学的历史存在》（2006）等；对中国当代文学的研究，有齐宏伟《文学·苦难·精神资源：百年中国文学与基督教生存观》（兼论中国现代与当代文学，2008）、季玢《野地里的百合花：论新时期以来的中国基督教文学》（2010）等。至于以中国现当代文学与基督宗教关系为主题的单篇论文，数量更多，内容更为多样。以上所述论著有宏观概论，也有微观分析；有内部研究，也有外部研究，且近几年在数量上呈现出显著增长的趋势。相比之下，专门探讨清末民初这一时段中国文学与基督宗教关系的论著不仅数量较少，而且内容也比较简单；论文为数不多，其余围绕这一主题的论述大多在通论百年中国文学与基督宗教关系的著作中简单带过，无论在篇幅长短还是在内容的丰富性上，都不能与对中国现当代文学的研究相提并论。

其次，研究对象上，在对清末民初时期的研究中，以来华传教士为中心展开的讨论较多，考察中国本土人物的论著则相对较少。以来华传教士为中心展开的讨论主要有以下两种视角。一是研究外国传教士输入西方文化对中国文学的影响，如王飚《传教士文化与中国文学近代化变革的起步》（2004）、袁进《近代演说与传教士》（2010）；二是围绕外国传教士向西方介绍、研究中国文学的过程或效果展开讨论，如刘丽霞

《近代来华耶稣会士对中国文学的研究及影响》（2011）、孙轶旻《上海美华书馆与中国文学的英文传播》（2012）、宋莉华《美以美会传教士亮乐月的小说创作与翻译》（2012）等。与之相比，中国基督宗教信徒在中国文学史上角色的论文基本集中于少数作者、作品或文体上，如对于王韬文学创作和《圣经》翻译的讨论，以及对中国内地基督宗教（主要是新教）赞美诗发展的梳理等，关注面还有待拓展，整体性的考察和分析也较为缺乏。

最后，在研究的方法上，既有论述侧重描述现象、梳理脉络和说明影响，而对现象的内在形成机制着墨较少。上文列举的文献，笔墨主要落在对历史人物、事件的介绍，对相关文本的梳理和分析，以及在文学史上的意义和影响等。在中国信徒如何在文学领域进行调适与创造、文学活动如何发展变化等问题上，还有进一步探究的空间。

从文学研究的角度来看，将清末民初中国基督宗教文人作为研究对象，可以系统整理这一时段中国基督宗教与文学的关系，在文献层面上对文学史和文学批评史研究加以补充。在中国近代文学研究中，对清末民初本土基督宗教文人做群体性、多层次的考察，也有利于扩大研究的覆盖面，使之更加接近当时文学的真实样貌。对于内在机制的探讨，既是为了阐释本书研究范围内的各种现象，也是一种方法论上的尝试和探索。许多现代作家的创作都曾受到基督宗教的影响，本书与现代文学研究也存在着内在的关联。基于此，本书将聚焦以下四点问题。

第一，清末民初的中国江南基督宗教文人是如何接受和处理中西两种文明，特别是如何处理基督宗教教义与儒家信仰间关系的？在这一过程当中他们遇到了哪些困惑，采取了怎样的应对姿态，如何在不同的知识中进行取舍、转化与创新？

第二，这一群体的文学著译概况与文学观念如何，是否有在中国文学史上值得注意的现象或主张？基督宗教是否，或如何在其中产生作用？

第三，他们如何使自己的知识与思想发生影响？媒体与社会网络在这种“发生影响”的过程中是怎样发挥作用的？其背后有无基督宗教的助推或抑制，有无规律可循？

第四，他们的文字事业在当时产生了怎样的影响，与后来的中国现代文学有怎样的联系？他们在文字事业上的成绩与不足，以及基督宗教在其中所起的影响，与他们的前人相比有无区别，对于今天的人们又有怎样的启示？

三 研究范围与方法

本书选取近代中国江南地区文人信仰基督宗教以后[①]与文学相关的论著进行分析。以单行本形式出现的论著，作者往往集中于少数较有名望的人物，而实际上基督宗教文人数量多、分布广、情况复杂，仅凭有限的单行本难以准确、全面地揭示这一群体的真实面貌。在这种情况下，引入报刊资料就显得十分必要。许多基督宗教文人都是教会所办报刊的热心读者，在这些报刊平台上，他们可以不必顾忌自己在主流社会上的边缘身份或因名声（权势）有限而无法争取到出版资源的窘迫，自由畅快地与各地教友进行文字交流。教会所办报刊登载的内部信息，也为研究时代背景和人物生平提供了宝贵的参考。一些教徒创办、编辑的报章杂志则面向大众的休闲娱乐需求谋发展，不仅体现了编者的文学观念，而且切实影响了日后的出版界和文学界。《申报》虽然与基督宗教没有特别密切的关联，但作为传播广、影响大的大众媒体，其登载的基督宗教相关信息仍是较为可靠的研究资料，故纳入本书考察范围。

本书以资料的收集、整理为基础，采取文本细读的方法，对文献进行分析、综合、比较与归纳，辅以若干个案，分析近代中国基督宗教文

① 一般以是否受洗入教为判断依据。

人在文学领域的总体特征。本书首先回顾基督宗教在中国的传播情况，在简单的分类和说明后对近代中国江南基督宗教文人进行概括性介绍，为后文分析提供背景支持。之后，笔者将从文学翻译与创作、文学观念、文学活动三个方面考察近代中国江南基督宗教文人在文学领域的表现，将文本细读与其他方法结合，既重视文本本身透露出的讯息，也关注外部环境与这一群体文学观念和著译间的互动。最后从成绩与不足、在当时产生的影响，以及与后来中国文学的联系三个角度对近代中国江南基督宗教文人在文学界的表现做一总结。

第一章

基督宗教在中国的传播与近代中国江南基督宗教文人

基督宗教早在唐朝就已进入中国，但在中国内地落地生根、发展壮大，则是明末清初外国天主教传教士和中国教徒齐心协力的结果。依靠文化融合的传教策略，在华天主教事业呈现出一派繁荣景象，但“礼仪之争”引起的一系列争端使中国内地经历了百余年的严厉禁教。伴随着军事、政治、外交等方面的巨大变化，中国对基督宗教传播的官方约束逐渐放开，新教的迅速发展和随之产生的文化影响尤其引人注目。在最初接触基督宗教的途径和对自己教徒身份的公开认同程度上，不同年代的文人呈现出比较明显的差异；在探讨救国救民、改造社会的方法时，他们也在如何看待基督宗教的问题上显现分歧。

第一节　基督宗教在明末清初中国的传播

一　耶稣会士初入中国

基督宗教进入中国并发展至较大规模，是从明末开始的。在目前较为可信的基督宗教传入中国的记载中，最早入华的传教士是唐朝时的景教（即聂斯托利派）教士。根据《大秦景教流行中国碑》的记载，聂斯托利派主教阿罗本（Ôlopen）于唐贞观九年（635）来到长安，先是在皇家藏书楼翻译经书，三年后，即贞观十二年（638）被准许公开传道，并由朝廷资助在首都建造“波斯寺”。天宝四载（745），唐玄宗下令将“波斯寺”改名为“大秦寺”。德宗建中二年（781），立《大秦景教流行中国碑》。会昌五年（845），唐武宗下令灭佛，景教也受到牵连。五代和宋朝都没有关于景教的记载，由此可以推断，景教在唐武宗灭佛后逐渐衰微，唐末即已消亡。到了元朝，又出现中国境内聂斯托利派教徒的记载，很多蒙古人都是该派教徒，在北京还有其他民族的聂斯托利派教徒。1289 年，罗马教宗尼古拉四世（Nicholas Ⅳ）任命方济各会[①]修士孟高维诺（Giovanni da Montecorvino，1247－1328）为教廷使节前往中国。至元三十一年（1294），孟高维诺抵达大都（今北京），获准在中国自由传教并在北京开设天主教堂，这是天主教第一次传入中国。元成宗大德十一年（1307），教皇克雷芒五世（Clement Ⅴ）决定特设汗八里（即北京）总主教，由孟高维诺担任，并派七名主教来华协助（实到三人）。仁宗皇庆二年（1313），福建泉州设立天主教的主教区。这些聂派教徒和天主教徒被蒙古人统称为“也里可温”。洪武元年（1368），元朝灭亡，景教与天主教在中国境内逐渐绝迹。[②]

嘉靖二十年（1541），教宗保罗三世派天主教修会耶稣会传教士方济各·沙勿略（Saint François Xavier，1506－1552）来中国活动。方济

---

① 方济各会和后文中的耶稣会、多明我会等都是天主教修会。所谓修会，是指在修道院规则下生活的男团体或女团体。详见丁光训、金鲁贤主编《基督教大辞典》，第 721～722 页。

② 此段主要参考江文汉《中国古代基督教及开封犹太人（景教、元朝的也里可温、中国的犹太人）》，知识出版社，1982，第 21～38、95～128 页。关于“礼仪之争”的介绍，主要参考方豪《中国天主教史人物传》，中华书局，2007；顾卫民《中国与罗马教廷关系史略》，东方出版社，2000，第 52～88 页。其他部分则主要参考顾长声《传教士与近代中国》，上海人民出版社，2004，第 1～17 页；邹振环《利玛窦〈交友论〉的译刊与传播》，《复旦学报》（社会科学版）2001 第 3 期；周志斌《晚明“南京教案”探因》，《学海》2004 年第 2 期；等等。

各·沙勿略于嘉靖三十一年（1552）到达广东省上川岛，但未能进入中国内陆便病逝于该地。嘉靖三十六年（1557），葡萄牙人正式获准在澳门居住，此后西方天主教传教士陆续来到澳门，以此为基地向当地华人及东南亚民众传教，但他们去中国内地传教的申请却一直未获通过。万历九年（1581），耶稣会又派遣传教士罗明坚（Michele Ruggieri，1543－1607）、利玛窦（Matteo Ricci，1552－1610）等人到澳门学习中文，准备进入内地传教。万历十一年（1583），二人获准在肇庆居住，并建筑教堂和寓所。最初，为了打消中国人的戒心，他们自称僧人，改着和尚的法衣，称教堂为寺庙。为了能吸引人们来到教堂，他们在接待室里陈列来自欧洲的时钟、时晷、浑天仪、西洋绘画与绣品等物，还在墙上悬挂了一幅用汉文标注地名的世界地图。罗明坚于万历十六年（1588）离开中国，在华期间，他编写了《天学实录》，这是目前所知第一部用中文写成的天主教传道著作，该书多次重印，流传广泛，书中多借助中国经学语言阐发教义，对后世有深远的影响。万历十七年（1589），利玛窦前往广东韶州传教。后来他又到广东南雄、江西南昌、江苏的南京和苏州等地活动。在与当地官吏和士大夫交往的过程中，利玛窦感到神父身份对传教并无太大帮助，于是从万历二十二年（1594）起将服饰改为儒生穿着，并自称儒者。万历二十八年（1600），利玛窦与庞迪我（Diego de Pantoja，1571－1618）从南京起程赴北京。经历波折之后，他们于次年到达，并最终得以觐见万历皇帝，献上宗教造像、宗教典籍、自鸣钟、铁弦琴和地图。此后利玛窦长居北京，在传教的同时与各阶层人物接触交流，直至逝世。利玛窦著作颇丰，宗教著作有《畸人十篇》《辩学遗牍》等，均大量援引中国经籍；另外他还译著《几何原本》《乾坤体义》《同文指算》《测量法义》《经天该》等科学书籍，其中有一些是与中国士人（如徐光启）合译。在利玛窦身上，明代天主教初入中国内地时积极结交官宦和士大夫阶层的传教策略展现得尤为明显：传教士们一方面重视学习中国文化，采取“以儒补耶”的灵活策略，以求获得这一阶层的认同与好感；另一方面展示西方的科学技术成果，吸引好奇的中国士人，以便在日后的接触中传扬天主教观念。这种策略被明末清初的天主教传教士（特别是耶稣会传教士）沿用借鉴。

二　成果与隐忧

利玛窦的努力取得了显著的成果。徐光启、李之藻、杨廷筠是三位著名的明末中国天主教徒，被后人合称“中国天主教三柱石”，他们都与利玛窦有密切交往，三人为天主教在中国的发展做出了巨大贡献。利玛窦的著作在明末清初的士林中也有广泛影响，他编著的《交友论》在文人中的反响就是一个典型的例子。万历年间，江苏金坛名医王肯堂在《郁冈斋笔麈》中对此书大加赞扬：“利君遗余《交友论》一编，有味哉！其言之也，病怀为之爽然，胜枚生《七发》远矣！”[①]《利玛窦中国札记》称该书“付印后不久，赣州有一位知县完全用中文把它加以重印，流传于各省，包括北京和浙江。它到处受到知识阶层的赞许，并往往被权威作家在其他著述中引用。事实上，在一个短得可惊的时期之内，这部书被当作标准读物为人们所接受。这是利玛窦神父用中文写的第一部著作，它给神父召来了许多朋友，为他赢得广泛的声誉”[②]。据利玛窦回忆，万历二十七年（1599）李贽受赠《交友论》后对这本书大加赞扬，将其抄写多份，并把这些抄本寄给自己湖广一带的弟子阅读。此次会面之后，在居于山东济宁刘东星衙署内时，李贽与利玛窦又有一次交流。在回复友人的书信里，李贽还对利玛窦的才干给予了高度评价。泰州学派的名儒祝世禄读了《交友论》后，也对利玛窦产生了

---

① （明）王肯堂：《交友》，载邹振环《利玛窦〈交友论〉的译刊与传播》，《复旦学报》（社会科学版）2001年第3期。

② 〔意大利〕利玛窦、〔比利时〕金尼阁：《利玛窦中国札记》，何高济、王遵仲、李申译，何兆武校，中华书局，1983，第301～302页。

极大兴趣，《利玛窦中国札记》中写道："他的敬仰激发了一种想见神父的愿望，而利玛窦所写的论友谊那本书就成了把他们聚在一起的媒介。"①艾儒略《大西西泰利先生行迹》言："理学名儒李公心斋、礼部都谏祝公石林者，尤深相契合，雅有留驻意。"② 这是利玛窦与祝世禄交往的旁证。在万历二十三年（1595）首次刊刻后，《交友论》一再被传抄重刻，万历二十七年（1599）在南京再版后，又被编入各种文集丛书再版。据利玛窦回忆，赣州知县苏大用出版中文单行本（《交友论》原本是中文和拉丁文对照），分送给各省（包括北京及浙江）的好友，凡是看到此书的人都赞不绝口，有些名人在写书时也加以引证，不久这本书竟变成关于交友的权威书籍。《交友论》是利玛窦第一次以中文出版的书，帮助他结交了不少朋友，他也因此而出名。万历二十七年，冯应京在南京将此书再次刊刻。单行本除了以上两种本子，还有闽中钦一堂本和朱廷策校本。明清两代，收录这本书的丛书（全录和节录）不下十种，明代的有李之藻《天学初函》、陈继儒《宝颜堂秘笈》、冯可宾《广百川学海》、屠本浚《山林经济籍》、陶铤《说郛续集》、吴从先《小窗别纪》等，清代的有褚人获《坚瓠秘籍》和《古今图书集成》等。征引《交友论》的例子也很多：万历三十一年（1603）焦竑在新安讲学时，有人向他提问有关讲学与交友的问题："吾辈在会时，妄念不起。离却此会，不免复生。如何？"焦竑即引用《交友论》进行回答："谁教汝离却。古人云：以友辅仁，如辅车相依，离之即寸步难行。西域利君言：'友者，乃第二我也。'其言甚奇，亦甚当。"③ 清乾隆时

① 〔意大利〕利玛窦、〔比利时〕金尼阁：《利玛窦中国札记》，何高济、王遵仲、李申译，何兆武校，第 345～346 页。"他"指祝世禄，"利玛窦所写的论友谊那本书"则指《交友论》。

② 〔意大利〕艾儒略：《大西西泰利先生行迹》，载邹振环《利玛窦〈交友论〉的译刊与传播》，《复旦学报》（社会科学版）2001 年第 3 期。祝世禄别号石林。

③ （明）焦竑：《古城答问》，载焦竑《澹园集》下，李剑雄点校，中华书局，1999，第 735 页。

人王应奎在《柳南随笔》中说：“西儒利玛窦以写照为第二我，此与世说友为我之半一语，其义正同；比之写容、玉照等称，可谓新而且雅矣。”[①]“第二我”来自《交友论》“吾友非他，即我之半，乃第二我也”[②]之语。清初朱日濬的《朱氏训蒙·诗门》也曾援引《交友论》来说明《诗经·小雅·伐木》一诗的旨趣。明末藏书家徐𤊹在《笔精》里引用了《交友论》里的两条内容，后来在《四库全书总目提要》中也对这两条做了引用，还附上评价。[③]利玛窦所取得的成果，侧面反映出当时天主教在中国文人阶层中的影响力。

但利玛窦等在华天主教传教士的传教事业也有隐忧：对于天主教这种外来宗教，许多中国官绅仍抱有怀疑甚至敌视态度，佛教僧人与天主教传教士之间的对立也相当尖锐。利玛窦在世时，就不时陷入与中国士大夫和僧人的辩论中；逝世后，这种情况仍未消除，万历四十四年（1616）的“南京教案”就是集中体现这种冲突的例子。万历三十五年（1607），意大利籍耶稣会士王丰肃（Alfonso Vagnone，1566－1640）开始主持南京教务。四年后，南京第一座天主教堂建成，建筑样式采用西洋式拱顶结构。后来，教会又在南京城外孝陵卫前修建花园住宅一所。教堂和花园建筑颇为壮观，位于四方城和孝陵卫前，再加上当时南京的天主教传教事业日渐公开，颇为引人注目。万历四十四年，信奉佛教的南京礼部侍郎沈㴶上《参远夷疏》攻击天主教传教士，余懋孳、晏文辉等官员也纷纷响应。针对这些言论，徐光启于同年上疏，驳斥对耶稣会士的指控，为天主教和传教士辩护，杨廷筠则撰写下护教论文《号鸮不并鸣说》，剖析天主教与白莲教等邪教的不同。沈㴶第一次上奏后，一直未得到朝廷回复，于是又通过北京礼部尚书兼东阁大学士方从哲呈

① 方豪：《半我与二我》，载方豪《方豪六十自定稿》，台湾学生书局，1969，第1270页。

② 〔意大利〕利玛窦：《交友论》，载四库全书存目丛书编纂委员会编《四库全书存目丛书》子部第九三册，齐鲁书社，1995，第504页。

③ 参见严晓翚《利玛窦〈交友论〉与明末士林》，硕士学位论文，上海师范大学，2007，第47～49页。

递第二道奏疏。皇帝还未颁布谕旨，方从哲便令沈榷在南京逮捕传教士及教徒。万历四十四年年底（1617 年 1 月），沈榷上了第三道奏疏，指控耶稣会士邪说惑众、意欲谋反，还报告拘捕西方传教士一事，请求定罪处理。万历四十五年（1617），方从哲依仗魏忠贤权势，以万历皇帝名义颁布诏谕，驱逐传教士出境，在北京协助钦天监修历的教士也不能例外。驱逐传教士王丰肃与谢务禄（Alvaro Semedo，1585－1658）后，沈榷下令拆毁南京西式天主教堂，焚毁宗教造像、书籍等物，变卖教会房产，其他资产全部没收官府。但天主教的传教活动并未就此停止，王丰肃与谢务禄不久便更改姓名，潜回中国内地重新传教。天启元年（1621），同情天主教的叶向高出任内阁首辅，称不斥沈榷，不足以平民愤；刑部尚书王纪也奏疏弹劾沈榷。沈榷在压力之下辞去官职，不久去世。天主教在华事业自此逐渐走出低谷。

南京教案中，徐光启等中国士大夫阶层的天主教徒都尽力斡旋、庇护。“中国教徒之袒护西士者，不仅光启一人。之藻、廷筠亦与有力焉。惟光启在朝，上疏陈辩，之藻、廷筠居家，隐为藏匿，法虽不同，其为爱护则一也。自王丰肃、谢务禄等被捕后，国内西士，咸惶恐失措，苦无置身者，之藻、廷筠俱请至其家隐匿而安之。”[①] 教案时，正任高邮道台的李之藻不顾个人安危，派人给南京狱中的耶稣会士送钱物，并且每日写信，拜托朋友援助西方教士。正在杭州的杨廷筠听闻南京拘捕教士、教徒，收留了艾儒略（Julio Aleni，1582－1649）等耶稣会士在家避难，坚定表明自己不惧朝廷禁令，愿为天主教信仰献身的信念。许多平民阶层的教徒同样表现出对宗教信仰的坚定不移。在此场教案被捕的教徒中，“除修士、印刷、孤儿各二人，结帽三人，此外担水、描金、挑脚、髭头、书童、补网、煮饭、卖糕、种园、看园、木匠各业皆有”。[②] 这些被

① 邓恩：《利玛窦到汤若望：晚明的耶稣会传教士》，转引自周志斌《晚明“南京教案”探因》，《学海》2004 年第 2 期。

② 方豪：《中国天主教史人物传》，中华书局，2007，第 106 页。

捕教徒大多表现镇定，表示愿为上帝献身，面对刑罚亦不退缩：“皆无愧于其神甫，无谋自救或轻其缧绁而自辩无罪者。有数人且欣然受拷讯，惟愿为信仰而苦刑，惟恐不能殉教而死。”① 值得注意的是，这些被捕的教徒来自各行各业，说明当时天主教在社会下层民众中已有一定的群众基础，天主教在中国的发展状况可见一斑。

三　“礼仪之争”与清廷禁教

调和天主教与中国传统文化的策略帮助天主教在中国立足、扩张的同时，也不可避免造成了新的矛盾，主要体现在“Deus”（拉丁文，意为造物主）一词的中译和是否允许中国信徒祭孔、祭祖上。罗明坚将“Deus”译为“天主”，利玛窦则更进一步，选择中国典籍中的“天”和“上帝”来翻译，这样“Deus”就同时有“天主”“天”“上帝”三种译法。在祭孔和祭祖的问题上，利玛窦也表现出极为宽容的态度，认为这并非偶像崇拜的异端行为，因而不加阻拦。在利玛窦去世后，针对这些现象的争论日益增多。分歧首先出现于耶稣会内部，继利玛窦之后任耶稣会中国传教团会长的龙华民（Niccolò Longobardi，？- 1654）便反对使用“天主”“天”“上帝”来称呼造物主，就此掀起争论。从早年在中国传教起，龙华民就反对利玛窦的传教策略，除了反对祭孔祭祖之外，他质疑利玛窦“上帝”“神”等译名的准确性，甚至认为中国人的思想观念使他们的语言根本无法传达天主教的教义。龙华民与一些传教士上书耶稣会视察员，请求废止使用“上帝”和“天”这两个词指称造物主，而一律沿用“Deus”的音译形式。在继利玛窦之后主持中国教务后，龙华民很快就明确反对利玛窦调和两种文化的传教方式。在

① 王治心：《中国基督教史纲》，文海出版社，1970，第 98 页。书中称此段文字出处为“Semedo Histoire”，或指传教士曾德昭（Alvaro Semedo）的《大中国志》。

《论中国宗教的几个问题》中，他阐述了对中国礼仪的看法，结论是中国礼仪中的偶像崇拜不符合天主教教义，应该严厉禁止。龙华民等人的观点后来被转至罗马，交由教廷的神学专家研究。天启元年（1621）召开的澳门会议上，利玛窦派的意见得到赞同，龙华民撰文争辩，遭到视察员训斥。“文化传教”的路线得到了权威的支持，但耶稣会内部围绕它所产生的争论并未从此平息。崇祯元年（1628），耶稣会中国传教团的神父们在嘉定举行会议，就祭孔祭祖和“Deus”中文翻译的问题展开深入讨论，除西方传教士，徐光启、李之藻、杨廷筠、孙元化等中国天主教徒也列席会议。这次会议在中国礼仪问题上基本达成共识，认为祭孔祭祖不是偶像崇拜，与天主教之十诫中的“当孝敬父母”契合，但在汉语译名上存在分歧。后来教廷代表在北京做了一些调查，决定从崇祯二年起禁止使用“上帝”和“天”，同时也规定不得使用“Deus”的音译，只可使用“天主”之名。龙华民则坚持“天主”这一译名不能使用，一定要采用拉丁文音译形式，结果遭到其他耶稣会传教士的一致反对。崇祯三年（1633），耶稣会中国传教团的传教士们再度集会，决定恢复使用“天”和“上帝”之名，而龙华民的意见再次遭到了与会者的否定，至此，耶稣会传教士们关于中国礼仪和“Deus”译名的争论终于结束。由于此次“礼仪之争”是耶稣会内部的争论，并且在充分讨论的基础上通过决议的方式予以解决，多年来一直困扰传教士们的中国礼仪问题顺利消除，传教士们的思想得到统一，调和中西文化的传教策略得到继承，天主教在华传教事业也进一步发展。

天主教在华传教事业的良好势头并未持续太久。17 世纪 30 年代，多明我会和方济各会传教士相继进入中国内地传教，打破了耶稣会在中国内地传教事业中“一家独大”的局面。方济各会传教士利安当（Antonio a Sancta Maria Caballero，1602 – 1669）入华传教后，发现耶稣会士允许中国教徒祭祀孔子与祖先。利安当认为此种行为属于异端的偶像崇拜，随后将此事告知多明我会的传教士黎玉范（Juan B. Morales，1597 – 1664），两人经过分析，均认为中国教徒此种异端行为应予以禁止，并开始收集相关资料。崇祯八年（1635），利安当就中国教徒祭祖祭孔之事给耶稣会艾儒略神父写了两封信，但是始终未得到回音。不久，他与耶稣会傅泛际神父（Francisco Furtado，1589－1653）见面，但是耶稣会士们的解释未能打消他的忧虑。于是，在华多明我会和方济各会传教士将有关中国礼仪的资料分别寄往马尼拉的上级会长，这份材料又被转交给马尼拉大主教和宿雾主教。利安当还给两位主教寄去了一份就“中国礼仪”所提出的15个疑问，并认为耶稣会允许中国教徒祭孔祭祖的行为应该受到严厉的斥责。两位主教以所收到的资料为基础，将传教士围绕“中国礼仪”产生的争论向教皇乌尔班八世（Urban Ⅷ）做了汇报。后来，在听取耶稣会士的陈词之后，他们又重新给教皇写了一封信函，这次报告对耶稣会批评的分量比上一次有所减轻。崇祯九年（1636），利安当、黎玉范和他们的同伴将在中国的调查结果（调查对象仅限于他们所在修会的少数信徒和教士）和自己对“中国礼仪”的看法分别写成两份报告，严厉批评了耶稣会的行为，并附上说明呈交方济各会和多明我会在马尼拉的上级会长。尽管因激进立场被驱逐出中国内地，他们仍然坚持己见。崇祯十六年（1643），黎玉范来到罗马，向教廷提出十七条事关中国礼仪（敬孔与祭祖）的问题。顺治二年（1645），教宗英诺森十世（Innocent Ⅹ）颁布通谕，禁止中国教徒祭祖敬孔，禁止用“上帝”称呼造物主，同时又声明该禁令的暂时性。大部分在华耶稣会士认为黎玉范的报告多与事实不符，于是委派卫匡国（Martino Martini，1614－1661）为代表，提出认为祭祖敬孔纯属文化习俗的四项问题。顺治十三年（1656），教宗亚历山大七世（Alexander Ⅶ）颁布部令，准许“祭祖敬孔”的中国礼仪。1667年（康熙六年）年底至1668年1月下旬，因“历狱”（杨光先参奏耶稣会士汤若望一案）而被驱逐至广州的耶稣会、多明我会和方济各会的传教士举行传教会议，在中国礼仪问题上基本达成一致，认为在华传教士以后应遵行亚历山大七世准行“祭祖敬孔”的谕令。康熙八年（1669），教宗克雷芒九世（Clement Ⅸ）回应多明我会会士的疑问，称英诺森十世和亚历山大七世的两通部令都有法律实效，传教士应依具体情况和良心指示自定取舍。

康熙八年（1669），多明我会传教士闵明我（Domingo Fernández Navarette，1618－1689）离华返欧，著书攻击允许祭祖敬孔的主张，得到欧洲反耶稣会者的共鸣。南京教区代牧主教，中国籍道明会士罗文藻（1615－1691）曾对中国“祭祖敬孔”问题做过深入探究，撰《论中国祭祖祀孔礼仪》，并于康熙二十五年（1686）将拉丁译文送呈传信部参考。关于解决礼仪之争的问题，罗文藻提出允许和反对中国礼仪的两方应当寻求共识，先在中国地方基层以公议会的方式讨论，再将得出的可行方案呈送教宗定夺，而非仅由罗马专家神长议决。后因罗文藻的逝世，这种解决方案未能得到继续推动。康熙三十二年（1693）春，罗文藻逝世的第二年，福建教区代牧，巴黎外方传教会士严珰（Charles Maigrot，1652－1730，又译阎当、颜当、颜珰等）颁发七条禁行“祭祖敬孔”的牧函，并且把牧函副本分送教廷和巴黎大学索邦神学院审查。康熙三十九年（1700），北京耶稣会士把关于中国信徒是否可以祭祖祭孔的问题奏请康熙裁决。康熙同意耶稣会的看法，当日批示：“这所写甚好，有合大道。敬天，及事君亲，敬师长者，系天下通义。这就是无可改处，钦此。”[①] 康熙四十年（1701）秋，耶稣会允许教徒祭祖敬孔的意见书和康熙的批示送达罗马教廷，未能获得认同，康熙和教廷间的对立由此形成。

康熙四十三年（1704），教宗克莱芒十一世谕令禁止采用“天”“上帝”的称谓和祭祖敬孔的行为，并派遣特使多罗（Carlo Tomasso Maillard de Tournon，1668－1710），来中国向传教士宣布这一谕令，并

① 黄伯禄：《正教奉褒》，载方豪《中国天主教史人物传清代篇》，明文书局，1985，第317页。

与清廷协商。康熙四十四年（1705），多罗抵北京，虽然受到康熙皇帝两度召见，但康熙皇帝对敬孔祭祖的坚决支持使多罗无法公开教皇的通谕。康熙四十五年末（1707），多罗在南京公布克莱芒十一世的禁令。康熙随即以驱逐反对“祭祖敬孔”传教士离华为回应，又命令同意“祭祖敬孔”者向清廷申领“票”（类似居住证）后方可留华传教，并遣派艾逊爵（Joseph Antonio. Provana，1662 - 1720）等耶稣会士，赴教廷交涉。为解决“中国礼仪之争”，克莱芒十一世于康熙五十四年（1715）颁发《自登极之日》（*Ex illa die*）的通谕，重申 1704 年的禁令，并派遣嘉乐（Carlo A. Mezzabarba，约 1685 - 1741）为特使，于康熙五十九年（1720）抵达北京。翌年，康熙阅毕嘉乐命人译就的《自登极之日》禁约，批示：“以后不必西洋人在中国行教，禁止可也，免得多事。”[①] 同年，嘉乐通使失败后离京，后在澳门公布有关“祭祖敬孔”的八项准许。康熙皇帝去世后，继位的雍正皇帝对天主教的态度更为严厉。雍正二年（1724），雍正皇帝批准礼部发布禁教令通谕全国，要求中国天主教徒放弃宗教信仰，否则处刑罚；各省外国传教士除供奉北京宫廷以外，限半年离境，前往澳门。直到签订《南京条约》（1842）以后，中国内地对基督宗教的查禁才逐步放开。在罗马教廷方面，乾隆七年（1742），教宗本笃十四世（Benedictus XIV）颁布《自上主圣意》（*Ex quo singulari*）通谕，重申教宗克莱芒十一世 1704 年禁约内容，废除嘉乐提出的“八项准许”，持续百年以上的“中国礼仪之争”到此方才结束。“礼仪之争”最终导致天主教在华传教事业跌入低谷，此后长期处于秘密传教状态。

---

① 顾卫民：《中国与罗马教廷关系史略》，东方出版社，2000，第 79 页。

第二节　基督宗教在近代中国的传播

一　马礼逊的传教活动

新教进入中国内地的时间远落后于天主教，但它在近代中国的扩张和影响却又远超过后者。在17世纪初期，新教曾有过传入中国的尝试。在武装侵入台湾后，荷兰政府于天启六年（1626）前后派遣传教士到台湾活动。这批传教士在台湾吸引了上万人入教，还开办了一些初等教会学校。后来由于荷兰殖民势力在日本的基督宗教活动受到打击，在台湾的新教事业未能向外延展。康熙元年（1662）郑成功收复台湾后，新教传教士在当地的活动也随之销声匿迹。西方派到中国内地的第一位新教传教士是英国伦敦会的马礼逊（Robert Morrison，1782 - 1834），他在中国的活动颇能反映近代早期在华西方新教传教士活动的特点。①

嘉庆十二年（1807），马礼逊抵达广州，住进当地的美国商馆。在接下来隐居的一年多里，他开始学习汉语。嘉庆十三年（1808），马礼逊前往澳门，隐居东印度公司，以避免葡萄牙殖民当局发现他的新教传教士身份，次年，马礼逊接受东印度公司的聘请担任译员。嘉庆十五年，马礼逊开刻由他修订的中文《使徒行传》；五年后他翻译的《新约》新译本在广州印刷。马礼逊与传教士米怜（William Milne，1785 - 1822）共同翻译《旧约》，取名为《神天圣书》，于1823年在马来西亚马六甲出版，这是《圣经》的《新约》和《旧约》第一次被完整地介绍到中国。同年出版的还有马礼逊编纂的《华英字典》，这是中国历史

① 本节主要参考顾长声《传教士与近代中国》，上海人民出版社，2004，第46～115、120～268页。

上第一部英语辞典。嘉庆二十三年（1818）马礼逊和米怜在马六甲创办英华书院（Anglo – Chinese College），该校是近代西方传教士开办的第一所中文学校，主要面向华侨子弟开设，以中英文施教，设有神学、英文、中文、数学、历史、地理等课程。马礼逊曾在该校任教，协助他办报的中国助手，后来成为中国第一位新教华人牧师的梁发也曾就读该校，其他著名华人校友还有林则徐的首席英文秘书袁德辉、中国近代著名买办唐廷枢等人。鸦片战争次年（1843），英华书院及其附属印刷所迁往香港，迁移来的物资包括从新加坡运来的近 3900 个中文活字钢模。1864 年，因时任校长理雅各（James Legge，1815 – 1897）事务繁忙，英华书院暂时关闭，直至 1914 年复课。早期英华学院的创办和运行，为新教在华传教事业，特别是通过教育事业扩大新教的影响力积累了重要的经验。在报刊出版方面，马礼逊也起到了开创性的作用。嘉庆二十年（1815），他在米怜的协助下，于马六甲创办《察世俗每月统纪传》，主要在东南亚华侨聚居区散发。该刊也在科举考试时运至中国，与宗教宣传品一起免费分送给应试士子。这份月刊主要介绍基督教的教义，也有新闻、历史、自然科学等内容，是近代史上最早的中文期刊之一。早期在华重要英文报刊《中国丛报》（*The Chinese Repository*）也是在马礼逊的大力推动下创办。马礼逊来华之前，已有一定的医学诊疗能力，1820 年，他与李文斯敦医生（J. Livingstone，生卒年不详）在澳门开设诊所，聘请中西医师，以医疗服务作为传教的媒介。1827 年，在东印度公司外科医师郭雷枢（T. R. Colledge）的大力支持下，马礼逊在澳门又开设了一所眼科医馆，连中国内地的眼病患者也前去求医。由于求诊人数众多，六年后又在广州开设眼科医馆，以满足当地病人的就医需求。道光十四年（1834），马礼逊被英王任命为英国首任驻华商务监督的秘书兼译员，官衔为副领事，同年在广州病逝。

在马礼逊的传教生涯中，可以看到日后在华新教传教士经常使用的三种传教策略：利用教育、出版事业（特别是报章杂志）、医疗服务传教。马礼逊的传教经验对后继新教传教士起到一定示范作用。教育方面，裨治文来到中国后曾在家中收留贫苦少年读书，郭实腊（Karl Friedrich August Gutzlaff，又译郭实猎、郭士立等，1803 - 1851）的妻子在澳门收容贫穷子弟，为他们开办读书班。道光十六年（1836），由居住广州的外国侨民发起组织的“马礼逊教育会”正式成立。道光十九年（1839），被命名为“马礼逊学堂”的西式学堂在澳门正式开学，教授汉语和英语，校长为美国人布朗（Samuel Robbins Brown，1810 - 1880），第一批学生都是贫穷华人的子弟。道光二十二年（1842），马礼逊学堂搬到香港继续开办，增加了算术、代数、几何、生理学、地理、历史、音乐等课程。近代中国第一批留学生，著名改良思想家容闳和第一位中国籍西医黄宽即是马礼逊学堂的学生。出版事业方面，清末最早的中英文大众报刊都与来华新教传教士有千丝万缕的联系，近代第一份中国境内出版的杂志《东西洋考每月统纪传》，名称中明显有马礼逊所创《察世俗每月统纪传》的影响痕迹。医疗服务方面，受马礼逊影响，美国公理会海外传道会差派伯驾（Peter Parker，1804 - 1888）到中国，于道光十五年（1835）开设博济医院于广州，这是中国内地第一所西式医院，后来在广州还成立了“中华医药传教会”。以上这些传教策略的世俗性和服务性较强，为新教在中国的生存和发展打下了广泛而扎实的社会基础。

二　动荡政局下的在华传教活动

道光二十二年（1842），由于在鸦片战争中战败，清政府被迫与英国签订《南京条约》。根据条约，中国允许开放广州等五个口岸供外商来华贸易，外商家属也可随同居住，而次年中英签署的《中英五口通商章程》和《虎门条约》，又使在华英国人获得了领事裁判权和在五个口岸的议定界址内居住的权利。如此一来，往往具有外交官、旅行家、商人及水手等多种身份的英国传教士就有了在中国居住的法律依据，不必担心被清政府拘捕、审判或驱逐。《虎门条约》还写明，中国赋予英国最惠国待遇，将来英国可以自动享有中国与他国签订所有条约中的一切利权，即所谓利益均沾，这为日后英国、美国等国援引最惠国权利，令法国为拓展天主教在华传教事业提出的各种开放传教的要求得以为基督新教所共享，埋下了深深的伏笔。

道光二十四年（1844），中国分别与美国和法国签订《望厦条约》及《黄埔条约》。条约规定，中国政府允准外国人在五个口岸议定的界址内兴建房屋、学校、医院、教堂，明显为外国传教士的工作提供了便利。《黄埔条约》还补充了严厉惩办触犯毁坏天主教教堂和墓地的条款。实际上，在鸦片战争以前，天主教在中国的活动就大幅增加，外国传教士不断潜入中国。在外国的压力下，道光二十四年末（1845 年 2 月 1 日），清廷正式弛禁天主教，允许国人信奉洋教，新教亦自动受益。在法国的极力要求下，道光帝又于道光二十六年初（1846 年 2 月 20 日）发布上谕，归还在康雍年间没收的天主教堂。尽管基督宗教的传教士取得了一系列权益，但中国内地仍未对他们全面开放。

归还天主堂旧址激发了国人的反教情绪，继而引发的中外争端层出不穷。天主教传教士也以办理归还天主堂为由潜入内地，发展中国教徒。咸丰六年（1856），擅自潜入广西西林县，勾结官府，包庇不法教徒的法国天主教传教士马赖被拿获正法，史称“马神甫事件”。这一事件和“亚罗号事件”并为第二次鸦片战争的导火索。咸丰八年（1858），在英法联军攻陷天津后，中国与英、法、美、俄四国签订《天津条约》。咸丰十年（1860），英法联军攻进北京后，英、法、俄强迫清政府分别签订《北京条约》。《天津条约》与《北京条约》的签订，将外国教会和传教士在整个中国的传教权、保教权以条约的形式固定下来，中国全境都可容许传教士自由传教，且中国政府有责任保护传教士及中国信徒免受不公平的待遇。保护传教的条款导致传教士及外国领事动辄干预中国的司法诉讼，造成极多冲突，中国百姓的权益受到极大损害。

此外，中国基督宗教信徒被列在不平等条约的保护范围内，意味着中国人一旦信仰了基督宗教后，就不再是普通的中国臣民，反倒成了各种条约以至条约背后的外国势力所保护的阶层，这就不难理解为何当时社会上有一种普遍的看法——多一个基督徒，便少一个中国人。

基督宗教在中国的传教活动，也与在两次鸦片战争之间爆发的太平天国运动有所联系。道光十六年（1836），洪秀全到广州参加乡试，走出考棚后，新教传教士向他宣教，并赠送给他一本《劝世良言》。[①] 洪秀全起初对此书未加细读即闲置柜中，直至道光二十三年（1843）再次落第，在家乡教书时才取出该书细读而受启发，再加上生病时的梦幻，更使他相信上帝的存在与能力。于是他根据其中的说教，自行洗礼，开始拜上帝和反对拜偶像，随后又向自己的亲友（最初说服的是冯云山和洪仁玕）鼓吹信仰上帝。道光二十四年（1844）春，洪秀全、冯云山离开本乡前往广西，开始劝人敬拜上帝。两人此次传道为期约八个月，随后冯云山到广西桂平县继续活动，而洪秀全则回到广东家乡教书传道。在宣传拜上帝的过程中，洪秀全还曾亲自向新教传教士学习新教教义、礼仪和组织形式等知识。道光二十七年（1847），他同洪仁玕一同前往广州，向美国基督教南浸礼会传教士罗孝全（Issachar Jacox Roberts，1802－1871）“学道”。据罗孝全后来回忆，洪秀全、洪仁玕找到他，“宣称意欲学习基督教道”“研究圣经，听受功课”，并陈述了所读《劝世良言》和病中梦幻情形。洪秀全在罗孝全处停留了约两个多月，查考了汉译本《圣经》，阅读了传教士写的宣道文章，还参加了礼拜，了解到新教的仪式和组织，但后来并未受洗。[②] 广州之行后，洪秀全决定再赴广西，他在那里看到冯云山大力宣传拜上帝，建立拜上帝会，已使信从者发展到数千人，于是下决心利用拜上帝的信仰壮大队

---

① 《劝世良言》于道光十二年（1832）在马六甲印刷出版，由英国伦敦会的梁发编写，马礼逊修改定稿。

② 参见顾长声《传教士与近代中国》，上海人民出版社，2004，第72页。

伍，为推翻清朝统治做准备。从道光二十七年到道光二十八年（1847－1848），洪秀全参照《劝世良言》和从罗孝全处学到的部分新教教义，联系病中梦幻，先后编写了《原道觉世训》《太平天日》等著作。洪秀全把基督宗教的“十诫”改造为“十款天条”，自称上帝之子、耶稣基督之弟，下凡来拯救世人和杀灭阎罗妖。他还借鉴基督教的某些组织形式和崇拜仪式，作为宣传和组织下属民众的“天规”。道光三十年（1850），洪秀全发布团营令，各地拜上帝会众万余人聚集金田，准备起义，随后对清军作战节节胜利，声势大振。年末（1851 年 1 月 11 日），洪秀全 38 岁诞寿，举行隆重的祝寿庆典，众多拜上帝会会众誓师起义，向清廷宣战，建号太平天国，起义军称太平军。咸丰三年（1853），洪秀全率兵攻下江宁（今南京），改称江宁为天京，并定都于此。对洪秀全发动的太平天国运动，罗孝全起初并未关注。太平天国建都天京后，引起了传教士极大的兴趣，包括罗孝全在内的很多人认为这是一个大大扩展新教势力的契机。在洪秀全的几次邀请下，罗孝全终于在咸丰十年（1860）秋到达天京。天王洪秀全封他为义爵，任命他担任外务大臣，辅佐干王洪仁玕。罗孝全本不想担任太平天国的官职，但为了出入自由便于传教，最终还是接受了任命。从此罗孝全利用洪秀全的“宗教导师”身份传教，多次在宫廷中进行辩论，意图在太平天国的领导层扩大新教的影响。他还不断向美国差会寄发在天京搜集的情报，鼓动新教差会尽快趁此时机增派传教士到太平天国辖区内活动。在天京活动了一年多后，罗孝全意识到自己的传教工作不会成功，便在咸丰十一年冬（1862 年 1 月）不辞而别，前往上海。

罗孝全并不是第一个，也不是唯一一个来到太平天国控制区的外国传教士。据不完全统计，1853～1863 年，直接到太平天国辖区“访问”的外国传教士有 18 人，这个数字还不包括当时已在这些地区传教的外国人。①

① 参见顾长声《传教士与近代中国》，第 75 页。

咸丰三年（1853），美国监理会传教士戴作士（Charles Taylor，生卒年不详）访问镇江，受到太平军将领罗大纲的接待。戴作士提出通商和传教的要求，罗大纲赞同通商，对传教则持保留态度。临别时，罗大纲还托他带一封公函给英国驻上海领事，阐明太平军的政策。同年，法国驻华公使布尔布隆访问天京，天主教耶稣会士葛必达（Stanislas Clavelin，生卒年不详）随行，葛必达在天京曾与太平天国夏官正丞相黄玉昆辩论教义。戴作士和葛必达是目前所知最早“访问”太平天国辖区的外国传教士，此后裨治文等传教士也曾踏上太平天国的土地。1855～1859年，均未见到外国传教士“访问”太平天国辖区的记录。咸丰九年（1859），已受洗成为新教教徒的洪仁玕抵达天京，再加上太平天国的形势也有好转，外国传教士们又看到了传教的希望，开始动身前往太平军控制的地区。1860～1861年，艾约瑟（Joseph Edkins，1823－1905）、杨格非（Griffith John，1831－1912）等多名传教士到达太平天国辖区，见到了包括干王洪仁玕在内的一些领导人，提出传教的意愿，但都未能得到准许。需要指出的是，到达太平天国辖区的传教士，或作为外国官员随从，或搜集太平天国情报，往往与政治有千丝万缕的联系。

虽然曾有过摇摆，欧美列强在清政府和太平天国间最终选择了前者，而受清政府保护的在华传教士也依靠各种不平等条约攫取了不少利益，尤其是从《天津条约》《北京条约》签订后，传教士便以传教为由深入中国腹地强占土地、干涉内政和包庇不法教民，这些做法必然导致当地民众的反抗，引发教案。基本上，每有教案发生，传教士就向外国公使馆告状，公使馆立即对清政府施压，清政府为安抚洋人便镇压本地百姓，传教士达到目的后愈加肆意妄为，又进一步激起中国民众的愤慨和反抗，如此恶性循环，传教士和本地百姓之间的矛盾不断激化。从19世纪40年代起就开始出现因本土居民与基督宗教传教士相争而发生的教案，60年代教案发生的次数逐渐增多，70年代到90年代更为频繁。随着中国民众与外国传教士之间的矛盾日益加剧，义和团即将口号改为“扶清灭洋”，针对在华外国人（特别是基督宗教传教士及其家属）及中国基督宗教信徒展开大规模暴力运动。光绪二十六年（1900），义和团在慈禧的支持下进入北京；不久，清廷下诏向各国宣战。为了保护自身利益，西方列强在义和团势力渐渐渗入北京、天津的时候，就决定直接出兵镇压。八国联军先攻占天津，随后又占领北京，见形势不利，清廷下旨剿灭义和团，并着手与各国议和。光绪二十七年（1901），清政府与十一个国家签订《辛丑条约》。义和团运动沉重打击了在华基督宗教教会的传播事业，中国北方（特别是华北地区）的教会势力元气大伤，而南方则由于两广总督李鸿章、湖广总督张之洞、两江总督刘坤一实行“东南互保”，教会势力未受太大冲击。

三　传教活动的变化与发展

义和团运动失败后，各国天主教和新教传教士加大了在中国的活动力度，在华传教事业进入了新的高速发展阶段。1918 年，天主教和新教的中国教徒总数约 225 万人，约占当时中国全国总人口的 0.5%。[①]分而述之，1901～1918 年，中国境内的天主教徒由 70 万人增加到约 190 万人，新教教徒则从 8 万人增加到约 35 万人，天主教在人数上占优，而新教的教徒增速更为突出。与教徒数量激增相应的是来华传教士数量的大幅增长。天主教方面，在华传教士 1901 年约有 800 名，1918 年，在第一次世界大战的背景下，仍保持在 1300～1400 人，且其中出现了美国传教士（以往来华传教士多来自法国、意大利、西班牙等国）。新教方面，1901 年在华传教士约有 1500 名，至 1918 年，人数约为 5400 人。受第一次世界大战影响，这一数字与 1914 年的统计数据基本持平，但值得注意的是，美国传教士的比重逐渐超过英国传教士，从人数上看优势愈加明显。在这十几年间，慈幼会、安老会等天主教修会第

① 参见顾长声《传教士与近代中国》，第 248 页。

一次来到中国内地，对丰富、壮大天主教在华传教工作有一定的意义。[①]纵观这一阶段的基督宗教在华传播情况，有以下四个特点值得注意。

第一，既倚仗外国势力获取利益，又对传教士的活动有所约束，这是天主教和新教在华活动的共同变化。

第二，天主教的组织系统较为紧密，而新教在华差会在组织上相对独立，行动上常各行其是，总体来说比天主教松散。

第三，在坚持由外国传教士领导的同时，本土化实践进一步发展，这也是天主教和新教在华活动的共同特征。天主教教会大力培养中国籍神职人员。新教教会把活动覆盖面扩大至整个中国社会，努力通过各种方式获取非信徒人群的注意和好感，许多传教士尤其注意结交和培养中国的精英阶层，为在华新教教会建立良好的生存和活动空间，大批著名中国籍神职人员也在此时开始涌现。

第四，在华天主教和新教教会都开展慈善（医疗、慈幼、救济）事业、教育事业和出版事业。天主教在慈幼事业方面突出，在教育和出版方面，无论是整体质量还是社会影响，新教都明显超过天主教。

回顾天主教和新教在近代中国的传播，可以看出居于教会领导地位的外国传教士们往往卷入中国政治，其中一些人本身就同时具有传教士和外交官的双重身份。明末清初时已露端倪的政治因素，在近代天主教与新教的在华事业中始终起着无法忽视的重要作用。

第三节　近代中国江南基督宗教文人的分类

一　按出生年份划分

近代在江南地区活动的中国籍基督宗教文人背景各异，信教后的活

---

① 参见顾长声《传教士与近代中国》，第 233 ~ 234 页。

动也不尽相同，不过就本书涉及的人物而言，仍可进行粗略的分类。以1870年（同治九年）为界，近代江南地区的中国基督宗教文人按出生年份可大致分为两代。1870年之前出生的一代，主要通过两种方式接触到基督宗教：一种是本为失意文人，因为担任传教士助手或在教会（参与）设立的机构中工作而逐渐了解这一宗教，如王韬（1828 – 1897）、黄品三（1823 – 1890）和邹弢（1850 – 1930）等；另一种则是因为家族世代信仰从小耳濡目染，如马相伯（1840 – 1939）、马建忠（1845 – 1900）兄弟等。前一种情况多见于新教文人，后一种情况以天主教文人为多。1870年后出生的一代，接触基督宗教的途径更为多样，但大部分人都有在教会学校就学的经历，如谢洪赉（1873 – 1916）毕业于美国监理会所办的博习书院，陆志韦（1894 – 1970）是美国监理会创立的东吴大学附属中学和东吴大学的毕业生。这种现象和当时教会学校在中国的高速发展正好相互吻合。这两代文人在身份认同的问题上既有区别，也有共识。

第一代基督宗教文人，在公开场合对自己教徒身份的认同程度往往与其在大众视野中的活跃度成反比，最典型的例子当数王韬。王韬是在咸丰四年（1854年8月）受洗入教的，当时他只是一个不得意的文人。入教之初，他从前偕友买醉冶游的生活有所收敛，并且一度按时礼拜，甚至在教堂公开布道，不过受洗不到三年，他似乎就已抛开了自己的新教教徒身份。咸丰七年（1857），王韬回乡养病，在家里开道场，做法事，显然违背了基督教教义的要求。在其咸丰八年到十年间（约1858 ~ 1860）的日记里，他还为自己与新教的联系而感到悔愧①；在这一时期的尺牍中，他对基督宗教也进行了严厉的批评②。实际上，在咸丰九年

① 参见叶斌《上海开埠初期伦敦会发展的基督教徒分析》，《史林》1998年第4期。

② 参见王韬《奉朱雪泉舅氏》，载《清代诗文集汇编》编纂委员会《清代诗文集汇编》708，上海古籍出版社，2010，第292页。王韬：《与周弢甫征君》，载《清代诗文集汇编》编纂委员会《清代诗文集汇编》708，第294页。

(1859)，他还曾参加科举考试，和那些不信仰上帝的文人一样希望考取功名。之后他逃避清廷通缉漂泊海外，在香港凭借办报获得声誉，当自己的小说《遁窟谰言》在内地出版以后，王韬文字中涉及新教的内容就越来越少。后来他回沪定居，编撰、出版诗歌、小说，与友人的诗歌唱和常常见诸报刊，很快成为沪上名人，而对基督宗教的回避直至终老都基本未变，其中也包括在公开场合（包括书籍、报刊的文字里）对自己受洗入教一事的回避。和王韬年岁相仿，受洗时间（1855）也接近的黄品三长期专注于教会工作，1870 年还被正式按立为牧师，在《教会新报》和《万国公报》这两份由外国传教士创办的期刊上，可以零散地看到他创作的诗歌、论说文和寓言。这些作品的署名往往包括他所在的差会或教堂名称，即便署名中未加提及，也可从作品浓郁的宗教气息中推测出作者的基督宗教信仰。黄品三对自身教徒身份的高度认同，和王韬形成了鲜明的对比。从这一代文人在接触基督宗教时所处的社会氛围来看，自大与危机感相混杂的心态与仍然根深蒂固的“学而优则仕”观念，再加上当时中国内地大部分地区仍向外国传教士封闭的现实，导致文人如果让“洋教”分享乃至替代孔孟之道的至尊地位，自然容易被排斥到社会边缘，这就使希望回归主流社会的文人对公开承认自己的教徒身份有所顾忌。

相对而言，第二代基督宗教文人对自己的教徒身份认同度较高，他们在面向大众发行的出版物和其他有非教徒在场的场合，仍能坦然表现自己的宗教信仰。《青年》《进步》《青年进步》都是在社会上十分畅销的杂志，除了主要编辑者谢洪赉（1873－1916）、奚若（1880－1914）等人，还有诸多社会名人与来自各地的青年学生在杂志上发表文章，探讨宗教问题，交流传教经验。这三种杂志的发行者中华基督教青年会还经常举办演讲（听众的宗教信仰情况不一），其中就包括教徒自述信教缘由、分享读经心得的发言，如金邦平（1881－？）和王钝根（1888－1950）就曾分别在青年会演讲，谈及自己信教的经过和对教义的理解。

这种对教徒身份较高的自我认同与社会环境的变化相一致。在这一代还年幼的时候，基督宗教在中国的发展状况就已发生了重大转变，教会势力的社会影响力不断扩大，如中华基督教青年会就与新教教会有密切的联系。而清政府屡次在中外争端中失败，也迫使国人正视中国已落后于欧美、日本的事实，从报刊上的呼吁到当权者的新政，中国以外国为学习榜样的共识开始确立。信“洋教”在那个时代已不是一件令人难以启齿的事情，再加上留学生、教会学校学生等一批青年精英中不乏基督宗教教徒，使得社会舆论对持基督宗教信仰者大为宽容。信徒们也更有自信甚至自豪的心态，敢于公开自己的宗教信仰，而且愿意通过各种社会活动为传播宗教做出贡献。

虽然在对自己基督宗教信徒身份的认同上有所差异，但两代文人都始终不忘自己的中国人身份。在文字事业和社会活动中，他们展示出对国计民生的关注，并且同样倡导向先进国家学习科学技术和社会制度。王韬与沈毓桂（1807－1907）都曾发表大量支持洋务、呼吁改革的政论文。李问渔（1840－1911）在自己主编的报刊中专设西学栏目，其中刊登了大量由他本人翻译的西方自然科学著作；他还利用专题连载和答问的形式介绍当时先进国家的发展历史、社会习俗、政治和司法体系等内容，为中国的政治改革提供借鉴。马氏兄弟曾为李鸿章幕僚，实际参与了政治活动。在朝鲜处理“壬午兵变”时，马建忠处置果断，迅速稳定当地局势，为避免日本迅速扩大事态讹诈朝鲜、损害中国利益（当时朝鲜与中国有藩属关系）做出了重要贡献；在政论文和书信里，他也常提出改革的设想。马相伯始终密切关注中国政局，他曾参与梁启超等人发起的政闻社，鼓吹政治体制改革；支持辛亥革命，拥护自由民主，反对政治独裁和思想压迫（如孔教）。尽管一生都处于社会的中下层，邹弢在诗中仍然不时抒发对政局的感慨。对牺牲的爱国志士如戊戌六君子，他深为痛惜；对争夺私利，置国民于不顾的各路军阀，他毫不留情地加以嘲讽。光绪三十二年（1906），清政府宣布预备立宪，宁波、扬州等地的中国教徒纷纷响应，集会庆祝。[①] 在一次立宪祝祷会上，谢洪赉发表演讲，提出基督徒为立宪做准备的五项方法："学校宜增政法学""家庭宜谈政治""讲道宜注意爱国""教会治法亟宜留意""信徒宜立法政研究会"。[②] 1915 年，袁世凯政府接受日本强加给中国的"二十一条"，王钝根立即在自己创办的通俗小说杂志《礼拜六》中开辟《国耻录》专栏，纂辑有关该次中日争端的报道评论，以求"热心士夫，广为传播，使村农野老，妇人孺子，咸知东亚和平之真相，而亟谋所以自处"[③]。1919 年，五四运动爆发后，以余日章（1882－1936）为总干事的中华基督教青年会在同年的《青年进步》上向各国青年会发布通告，指出巴黎和会决议之不公，呼吁世界各国青年会成员施加压力，令诸国政府更改成议。

二　按对基督宗教如何救国的理解划分

对于中国基督宗教文人来说，对"西"的不同理解，使其在如何救国兴邦的问题上呈现不同的立场，这也为分类考察这一群体提供了另一种角度。对于西方传来的自然科学与社会科学知识，他们基本上都持较为积极开放的态度，认为中国应当认真学习借鉴；但当"西"代表基督宗教时，他们的反应则不尽相同：一类人表现出虔诚的基督宗教信仰，认为救国要与信教联系起来，比较突出的例子是新教信徒沈毓桂。在光绪二十一年（1895）的《析疑论》中，他写道：

> 余尝深思华人所以不信西教之故，而欲有以开其惑，启其愚，发其蒙，去其蔽，使华人无复有丝毫疑惑之见，庶几一旦幡然悔

① 参见谢洪赉《论基督徒预备立宪之方法》，《通问报》1906 年第 217 期。陈金镛、吴剑秋：《敬祝立宪志盛》，《通问报》1906 年第 220 期。

② 谢洪赉：《论基督徒预备立宪之方法》，《通问报》1906 年第 217 期。

③ 王钝根（题名"钝根"）：《国耻录》，《礼拜六》1915 年第 51 期。

悟，般然信从，使正教之理如日中天，而自西至东，自南至北，无不服也。则虽以垂暮之年，而一息尚存，此志不容少懈，此身犹幸及见之耳。闲尝遍观圣教之书，深维其精言妙论，而叹道之极其大致其精也。呜呼，此固上帝之深爱世人。而后有此经传于世也，此又耶稣救主之深爱世人而欲拯其苦，援其迷，而后有此发明，《圣经》诸书传于世也。惜也其道，先行于西土，而久未及我华人也。幸也其道，虽始于西土，而今已渐及我华人也。凡我华人，可不及时奋发，舍旧从新，而同归于圣教乎？[①]

写作此文时，沈毓桂已是耄耋老人。从对自己在华传道决心的表述中，可以看出他对教义的深信不疑。在三年后的另一篇文章里，他更加明确地表达出以宗教救国的观点：

盖中国惟不知信从上帝，故在上者罔不以贪婪从事，在下者无不以狡诈存心，上下相蒙，而期国势之有强无弱，不可得也。一旦而归命上帝，以期天诱其衷，悉举向之贪婪者而返之廉洁，狡诈者而返之朴诚，由是上为下保其生聚，下为上保其井疆，两相谋更两相保，而谓弱之不足以自强，亦不可得也。然其转移之关键，端自信从上帝之真道始。[②]

在他看来，中国衰弱的根本原因是人心芜杂，而信仰上帝可以使所有中国人的精神得到净化和凝聚，从而齐心合力，挽回国势。沈毓桂早年科举不利，生活坎坷，后半生长期与外国传教士们保持密切的合作，对后者产生了良好的印象，并由此把这种好感延伸到新教本身，有时不免将宗教、教会和传教士过于理想化，而对其中的问题认识不足。不

① 沈毓桂（题名“悟道居士”）：《析疑论》，《万国公报》1895 年第 74 期。

② 沈毓桂（题名“古吴九十三老人沈赘翁”）：《书〈保华全书〉后》，《万国公报》1899 年第 131 期。

过，在生命的最后十年，他虽然仍在《万国公报》上零星发表文章，但已不像光绪八年至九年（1882～1883）为李提摩太所撰变法论文《近事要务》逐条撰写解析那样，积极推广外国传教士的论述；除了年龄原因以外，这其中或许也有不满外国传教士鼓吹殖民论调的成分。

另一类人并不将救国与信教挂钩，而是提取基督宗教教义中较为贴近中国社会现实的内容，融入自己的政治主张。1913 年，在《游戏杂志》的《译林》栏目里有一篇由王钝根编译的文章《美国南州女儿同盟会》，讲述美国南北战争 30 年后，南方各州女子组织“南州女儿同盟会”。在不到 20 年的时间里，同盟会建博物院，收集南北战争史料，开展多种社会服务，成绩斐然。在文章最后有一段“外史氏曰”开头的评论，可以视为编译者的感想：

> 外史氏曰：当美国南北兴戎之际，两方之民，切齿相语，怒目相视，固不共戴天之仇敌也。及乎战事既罢，争执之问题既已解决，则和好如初，且各本其崇拜英雄之热诚，合力经营此纪念先烈之会。彼北美人民，未闻以南洲之结果失败而轻其当年之将士也，是可见其天性之真，不为客气阻塞爱力，今乃有完全和好之国家。而以细故强分南北，且或嫌疑易释，而余忿难平，悻悻之色，若将终身者，抑又何哉！①

这段评论特别赞扬美国北方人民，认为正因他们“天性之真，不为客气阻塞爱力”，才有南北双方的冰释前嫌和国家的团结友爱。这里对“爱力”的重视，很容易使人联想到《圣经》中对“爱”的推崇。“爱”字在中国的古文中，最常见的意义或为“吝惜”，或为“喜爱”，这与基督宗教中的“爱”是有区别的。在基督宗教的教义里，“爱”具有纯粹、无私的特质，是人类最重要的品性，是通往幸福的必由之路。王钝根把国家

---

① 王钝根（题名“钝根”）编译《美国南州女儿同盟会》，《游戏杂志》1913 年第 1 期。

和平的希望寄托在人民“爱”的精神上，显然是借鉴了基督宗教的观念。

从既有文献资料来看，随着时间推移，越来越多的基督宗教文人选择了更容易被大众接受的方式，在讨论治国与救国的方略时从基督宗教思想中汲取养分，融入自己较为世俗化和有现实针对性的言论当中。

第二章

近代中国江南基督宗教文人的文学翻译与创作

近代中国江南基督宗教文人中不乏外语水平突出，又对外国文明了解较为深入的佼佼者，他们为近代中国读者奉献了众多翻译作品。这批译作广为流传，有的译作在中国翻译文学史上具有开创意义。对于这一群体中的不少翻译者来说，在教会学校学习的经历也在某种程度上影响了他们的翻译活动。在文学创作方面，近代中国江南基督宗教文人涉足多种文体和题材，既有传承，又有创新。虽然存在很多不足，但将基督宗教文化与中国传统文化结合的尝试值得注意。

第一节　有文学色彩的翻译作品与文学翻译

一　有文学色彩的翻译作品

就目前笔者所见，大部分近代中国江南基督宗教文人的翻译作品，都有宣传基督宗教的意味，因此出现了两种情况：一方面，由于宗教信仰或教会的要求，译者不可能将文学与宗教相提并论，即使有对文学性的追求，也是将它解释为阐扬宗教的手段；另一方面，在一些译作中，译者过于重视说教，文学性欠缺的现象比较突出。即便如此，一些作品还是在语言风格和语言形式等方面显现出某种文学色彩。

1912年刊行的《后进楷模》收录了17位人物的生平事迹，其中由奚若（1880－1914）翻译的《散布经句之跛少年汤谟事略》非常具有可读性。奚若名伯绶，江苏元和（今苏州）人。1907年毕业于东吴大学；1902～1908年，在商务印书馆编译部工作；1910～1911年，在美国奥柏林神学院（Oberlin Theological Seminary）修硕士学位，同年被授文学硕士学位。1911年回国，应聘到青年会工作，任《进步》杂志编辑，直至1914年在上海去世。在《散布经句之跛少年汤谟事略》这个故事里，汤谟请人购买《圣经》的片段曲折生动，充分展现了人物的思想性格：

> 一日汤谟方卧，忽闻楼梯履声急促，一人狂笑入室，则李若克，汤谟唯一之良友也。李趋坐床侧，且拭额汗，率尔曰："汤谟，余得新职业，明日将北行，特来与子话别，且有佳物赠君。"言已，探囊出一褐色油纸小包。汤谟曲肱斜倚，闻李言颇不乐。李曰："汤谟，余蓄得新铸先令一枚（约值银圆六角左右），颇光洁。今与子别，因以为赠。然与子约，子必留此以待急需，幸勿轻掷。"汤谟曰："噫，若克，谢汝厚意。余今急欲一物。"李曰："信然，试言之。"曰："余欲《圣经》一册。"曰："《圣经》乎？诚余梦想不及者也。未闻贫困如子，而尽耗所有以购《圣经》者。且子当思余蓄此一先令，积铢累寸，殊非易事。"汤谟哀之曰："我亲爱之若克，乞勿怒。子今舍我远去，自此益当岑寂，思借读经自遣。今晚幸移玉至斐休氏书肆一购，迟且闭肆。格伦讷不可托，此钱若入其手，将行沽酩酊矣。"若克拂然曰："汤谟，子何需《圣经》？此中奥旨，惟学者始能领会。"曰："若克，子言或不谬，然余梦思渴

想，殊不能已，犹忆昔日，偕子入教堂，闻教士述耶稣之为人，余欲一考其详。子苟以《圣经》为临别赠品，则感戴大德，常无涯涘。”曰：“若然，当为一购。惟余于购经事颇不谙。”曰：“昔日道出斐休书肆，见其窗中置有《圣经》，标价一先令。子幸速往，迟恐不及。”若克漫应之而心殊弗善，乃怏怏下楼，初不如来时步履矫捷。然其失望之态，须臾即过，俄若克欣然携书归曰：“汤谟，斐休氏言所费之一先令，不啻存储生息，而子所收利益，当逾千镑云。意书中所载，殆为我人不可不知者乎?”汤谟感激涕零，喜极怀书于胸曰：“若克，余固知之，余今乐甚。承君蓄金相赠，誓不敢忘。”①

以上引文情节颇为曲折，文字畅达生动，十分突出。译文使用浅近文言文，适应广大读者的阅读能力；译者文笔简洁流畅，在将西文转换为文言文时，既不含混，又不拖沓，同时充分照顾了文言文的词汇语法而不突兀，体现出对两种文字的熟练掌握。试以引文中几处对人物负面情绪的表达为例，简单考察译者在遣词造句上的精当流利：听说唯一的好友李若克即将远行，汤谟“颇不乐”；朋友不愿帮他买《圣经》，他便“哀之”，将自己的渴求之心娓娓道来；李若克虽然无法理解，但是推辞不得，于是“漫应之而心殊弗善，乃怏怏下楼，初不如来时步履矫捷”。寥寥数语，却各有侧重，并不重复呆滞，有描写，有对比，人物失望的心情跃然纸上。《后进楷模》是一本面向青少年的德育读物，《散布经句之跛少年汤谟事略》也因而应被视作德育的阅读材料，其文字的优美流畅令人印象深刻。

1895 年，耶稣会华人神父李问渔（1840－1911）翻译的《福女玛加利大传》出版。李问渔原名浩然，改名杕，以字行，江苏南汇（今属上海）人。清道光二十年（1840）生，从小即受天主教洗礼；清咸

① 《散布经句之跛少年汤谟事略》，奚若译，载谢洪赉编《后进楷模》，基督教青年会总委办处，1912，第 40～41 页。

丰二年（1852），入徐家汇圣依纳爵公学（今徐汇中学）读书；同治元年（1862），进入上海法国天主教耶稣会初学，读哲学、神学，与马相伯等同为公学第一批学生；同治八年受祝圣成为神父，曾任小修道院中文教师。光绪四年末（1879），创办《益闻录》；光绪十三年（1887），创办《圣心报》；光绪二十四年（1898），《益闻录》与《格致新报》合并，改称《格致益闻汇报》，后又改为《汇报》。就目前资料所知，《益闻录》是近代上海第一份中文天主教报纸，从创刊至清宣统三年（1911）《汇报》停刊，历时32年，一直由李问渔主笔。李问渔还曾担任过由耶稣会负责的震旦学院院长、南洋公学教师。其译著有《福音书》《新经译文》《宗徒大事录》《福女玛加利大传》《理窟》等数十种。在《福女玛加利大传》中，出现了一些五言诗形式的文字，如：

> 福女做几句诗，随时吟诵，大约的意思说："苦架为我荣，爱情导我路。斯爱占斯心，有爱无他慕。"又做短歌说："我主似牝鹿，觅水出真情。猎者伤我甚，厥刀透我心。"①

引号中的文字保持整齐的五言四句句式，每两句相对，而且注意押韵，这些形式上的特点与中国的五言诗完全一致；然而这些具有诗歌形式的文字在语法上又是散文化、口语化的，意义也浅豁直白，缺乏"诗味"。我们可以把这样的"五言诗"与佛教的"诗偈"类比观察，因为它们都是以中国传统文学形式传达宗教思想的实践，也同样经常遇到说教气息太浓而缺乏文学美感的问题。

二　文学翻译之诗歌翻译

"纯文学"领域的翻译者队伍中，也有近代中国江南基督宗教文人

① 《福女玛加利大传》，李问渔译，清光绪二十一年慈母堂铅印本，第22～23页。

的身影，其中一些译者在近代中国翻译史上是不可忽略的人物。首先要介绍的是王韬（1828－1897），王韬初名利宾，字兰卿，又字懒今、紫铨等，号仲弢，别号天南遁叟、弢园老人、淞北逸民等，江苏长洲（今苏州市）人。18岁中秀才，之后屡试不中。道光二十九年（1849）只身赴沪，受雇于英人麦都思所办的墨海书馆协助印书，次年移家居沪。咸丰四年（1854）受洗入教。同治元年（1862）因上书太平天国事被清廷知悉而遭通缉，得英国领事庇护而逃脱。又应英国传教士理雅各之招，于同治六年（1867）赴欧洲，二人共同翻译中国经典。同治九年（1870）赴香港，1874年起在港主编《循环日报》十年。光绪十年（1884）回沪定居，后曾任《申报》编纂主任、格致书院掌院。王韬交游广泛，著作颇丰，有《弢园文录外编》《淞隐漫录》《蘅华馆诗录》等。1871年他与张宗良合译《普法战纪》，其中的《麦须儿诗》（即《马赛曲》）和《祖国歌》被称为“中国近代最早面世而又有影响的翻译诗歌”①。二者同为充满战斗热情的作品，在形式上又各具特色，在这里分别摘录它们的第一段：

《麦须儿诗》	《祖国歌》
法国荣光自民著，爰举义旗宏建树。 母号妻啼家不完，泪尽词穷何处诉？ 吁王虐政猛于虎，乌合爪牙广招募。 岂能复睹太平年，四出搜罗因奸蠹。 奋勇兴师一世豪，报仇宝剑已离鞘。 进兵须结同心誓，不胜捐躯义并高。②	谁为普国之土疆兮？ 将东顾士畏比明（Schwabenland）兮， 抑西瞻礼吴（Rhein）河旁？ 将礼吴河红葡悬纠结兮， 抑波的海白鸥飞翱翔？ 我知其非兮， 我宗邦必增广而无极兮， 斥远而靡疆。③

① 郭延礼：《中国近代翻译文学概论（修订本）》，湖北教育出版社，2005，第65页。

② 〔法〕鲁热·德·利尔：《麦须儿诗》，载梁启超《饮冰室诗话》，王韬译，《新民丛报》1902年第21期，第91页。《饮冰室诗话》中题为《法国国歌》。

③ 〔德〕阿恩特：《祖国歌》，载郭延礼《中国近代翻译文学概论（修订本）》，王韬译，第66～67页。

两段引文可以充分反映全篇的特色，一篇为整齐的七言歌行体，语言流畅，节奏铿锵；另一篇每句长短不一，多以“兮”字结尾，让人联想到楚辞，而其风格也的确是富于想象、自由奔放的。两篇文字优美、感情充沛，具有极强的感染力，问世后产生了深远的影响。在1902年刊载于《新民丛报》的《饮冰室诗话》中，梁启超将《麦须儿诗》称为“法国国歌”，全文收入。1904年，侠民在《新新小说》第一年第二号上发表了重译的《马赛曲》第一章，并附法语原歌词第一章和乐谱，题为“汉译法兰西革命国歌”。1907年，侠民的译文被同盟会机关报《民报》第十三号转载，称为“佛兰西革命歌”。柳亚子在1905年写的《元旦感怀》一诗中写道：“希望前途竟若何？天荒地老感情多。三河侠少谁相识，一掬雄心忍不磨。理想飞腾新世界，年华孤负好头颅。椒花柏酒无情绪，自唱巴黎革命歌。”[①] 可见他不仅读过王韬译的《麦须儿诗》，而且受到了极大的鼓舞。日本著名的政治小说《佳人奇遇》也全文引用了这首译作。至于《祖国歌》，1902年，《新民丛报》刊登《饮冰室诗话》，作者梁启超将《祖国歌》与《麦须儿诗》一并介绍，并称它们是“名家之作”，“于两国立国精神大有关系者”，王氏的翻译也“尚能传其神韵”[②]；随后，奋翮生（蔡锷笔名）在《新民丛报》第十一号发表《军国民篇》，全文收录了王韬译的《祖国歌》，并评价后者“音节高古，读之足使人有立马千仞之概”[③]。1904年，上海作新社出版《教育必用学生歌》，在续编附录所收的六篇外国诗歌中，也选收了这首译诗。无论是在思想先锋的介绍评述中，还是在面向大众的学生读物里，都可以见到王韬所译诗歌，由此也可以看出王韬这两首译诗的影响之广。

---

① 柳亚子：《元旦感怀》，载李长林《〈马赛曲〉在中国》，《法国研究》1989年第3期。

② 梁启超：《饮冰室诗话》，载李长林《〈马赛曲〉在中国》，《法国研究》1989年第3期。

③ 蔡锷（题名“奋翮生”）：《军国民篇》，载吴晓樵《鲁迅〈摩罗诗力说〉中的德国爱国诗人阿恩特》，《鲁迅研究月刊》2008年第8期。

陆志韦（1894－1970）是另外一位值得介绍的译者。他原名陆保琦，生于南浔。1907 年入东吴大学附属中学学习，后考入东吴大学，1911 年初在该校加入新教，1913 年大学毕业。1916 年赴美留学，1920 年获博士学位后回国任教，创立南京高等师范学校心理学系，曾任东南大学心理学系主任，燕京大学校长。陆志韦还致力于语言学研究，发表多篇语言学论文，晚年在中国科学院语言研究所工作，著有《汉语的构词法》等学术著作。人们对他的印象往往是著名的心理学家、语言学家和教育家，但对他早年翻译诗歌的成果则很少有关注。1913～1914 年，《东吴》杂志刊发了他的 6 首文言译诗：美国诗人龙费罗的《野桥月夜・调寄浪淘沙》，英国诗人丁尼孙的《波兰革命行》和《哀波兰》，英国诗人华兹华斯的《苏格兰南古墓》和《贫儿行》，以及《译彭斯诗・调寄虞美人》。这些诗有的以歌行体翻译，有的以词的形式出现，其中 1914 年刊登在《东吴》第一卷第二期上的《贫儿行》与《苏格兰南古墓》，是国内最早的对华兹华斯诗作的译介。这里全文摘录陆志韦翻译的《贫儿行》：

月黑欲雨云冥冥，邮车下坂如奔霆。
寒风策策车不停，耳际忽闻哭泣声。
声声掩抑随轮转，绁马留车下车看，
街头寂愁无人响，檐溜点滴续复断。
扬鞭一闪临风去，复闻哭声再停御。
下车为问哭者谁？垢面雏鬟拥败絮。
“我衣，我衣”泪不止，轻躯战立饥风里；
我问：“小儿何心伤？暮夜彳亍期何乡？”
儿言：“就食还寞海，腰无行赆身无裳。”
我闻此言良叹息，引入车箱坐我侧。
相对黯然无一言，败絮犹为泪沾湿。
呜呼女儿子莫悲，为我略述子生涯。

儿曰："我生寔海籍，姓是樊儿名爱梨。
爷娘遗我在人世，内鲜诸姑外阿姨。"
言时泪下如急雨，言罢仍指身上衣，
车声雨声哭声并，此声难得钟子期。
须臾逆旅邀停辔，细说爱梨哭衣事，
为置新棉褐布裘。呜呼，苍生饥溺何时休！①

与王韬在《普法战纪》里所译的两首诗一样，这首诗也采用了中国传统诗歌的语言形式，但比前者更进一步的是，《贫儿行》的译者在形式上对中国古代名诗加以借鉴模仿。《贫儿行》的语句常有白居易《琵琶行》的影子，如"下车为问苦者谁"（《琵琶行》："寻声暗问弹者谁？"），"我闻此言良叹息"（《琵琶行》："我闻琵琶已叹息。"），"败絮犹为泪沾湿"（《琵琶行》："江州司马青衫湿。"）。选择以《琵琶行》为借鉴对象或许与原诗的内容有关，因为后者不仅有叙事，而且情节也基本遵循下面这条路线："我"偶然被主人公吸引——主人公讲述自己的不幸遭遇——引发"我"的感叹。值得一提的是，陆志韦从小接受新式教育，中学和大学学业都在教会设立的东吴大学系统内完成，因此他的英文水平较高，他的译作也代表了晚清外国文学翻译中从原文直接译成汉语的一派。

三　文学翻译之小说翻译

在小说翻译方面，奚若（1880－1914）的成绩尤为突出。作为西方通俗文学的一个分支，侦探小说在1896年首次被译成中文，从此在近代中国译坛上风靡一时，"倘就翻译数量之多（约占全部翻译小说的

① 〔英〕华兹华斯：《贫儿行》，陆志韦译，载施蛰存主编《中国近代文学大系》翻译文学集三，上海书店，1991，第123页。

五分之一)、范围之广(欧美侦探小说名家几乎都有译介)、速度之快(翻译几乎和西方侦探小说创作同步)来讲，在整个翻译文学的诸门类中均名列前茅”。[①] 可以说奚若是中国20世纪初一位重要的侦探小说译者。1904~1906年，小说林社出版《福尔摩斯再生案》，全书13篇侦探故事，即由奚若和当时另一位著名侦探小说译者周桂笙翻译[②]。另外，他还与黄人翻译了柯南·道尔的《大复仇》(又译《血字的研究》)。这部小说是福尔摩斯侦探小说系列的第一部作品，因此奚若、黄人在1904年将它第一次译成中文，介绍给中国读者，对侦探小说在中国的普及与推广也有一定的贡献。英国小说家阿瑟·莫里森(Arthur Morrison，1863-1945)的侦探小说，在奚若的译作中也占了很大比重。他翻译了莫里森的10篇侦探小说，集为《马丁休脱侦探案》，1905年由小说林社刊行；他还翻译了莫里森的《鹦鹉案》，这篇作品收录于醒华报社编译的《醒华小说集》。奚若所译的侦探小说，还有英国楷陵的《髑髅杯》，这部译作1906年由小说林社出版。

除了侦探小说之外，奚若还翻译了多种不同类型的小说：儒勒·凡尔纳的科学小说《秘密海岛》(小说林社，1905)、和米的《秘密隧道》(小说林社，1906)、哈葛德的爱情小说《爱河潮》(小说林社，1905)，以及《天方夜谭》(商务印书馆，1906)，其中《天方夜谭》最为著名。

《天方夜谭》的底本是一部阿拉伯民间故事集，又名《一千零一夜》。在奚若的译本之前，这部故事集已经零散地被翻译成中文。1900年，周桂笙的节译本《新庵谐译初编》出版，其中收录《一千零一夜》的节译；1903年，钱楷翻译的《航海述奇》介绍了辛伯达的故事；1904年，周作人所译的《侠女奴》中出现了阿里巴巴的故事。奚若的《天方夜谭》是这部阿拉伯民间故事集在近代第一个较为完整的中译

---

① 郭延礼：《中国近代翻译文学概论(修订本)》，湖北教育出版社，2005，第109~110页。

② 关于这13篇故事各篇的译者还有多种不同看法，参见郭延礼《中国近代翻译文学概论(修订本)》，湖北教育出版社，2005，第84页。

本，译为文言，共收录50则故事，它在20世纪20年代受到了叶圣陶的好评："这个译本运用古文，非常纯熟而不流入迂腐；气韵渊雅；造句时有新铸而不觉生硬，止见爽利；我们认为（是）一种很好的翻译小说。""我们如其欲欣赏古文，与其选取某派某宗的古文选集，还不如读几部用古文而且译得很好的翻译小说。"[①] 后来，奚若所译《天方夜谭》被多次重印，广泛流传。

近代中国江南基督宗教文人的翻译中，有文学色彩的翻译早已有之，且一直存在，而符合今日"纯文学"定义的翻译则出现稍晚，数量也相对较少，但其中仍然有多个中国近代翻译史上的"第一次"，开创意义值得肯定。一些重要的作家作品，正是借由有基督宗教信仰的中国文人翻译，才得以与中国读者见面；一些译作得到广泛肯定，流传不衰，影响深远。在本节所介绍的文学翻译作品中，大部分是由英语文学直译而成，译者往往是教会大学的毕业生——如陆志韦和奚若。陆志韦和奚若都是东吴大学的毕业生，在校就读期间，二人较早也较为系统地学习了外国语言，接触外国文学，这为日后从事翻译事业打下了良好的基础。晚清译坛有大量作品都是通过日文译本转译而来，这与日文学习者较多、留日学生也较多有关，客观上有利于在短期内向中国输入大量外国著作，但也容易有二次翻译加重译本失真的弊病。随着对翻译质量的要求提高和国内外语人才的不断涌现与成长，直译必将成为将欧美著作引入中国的主要方式，而基督宗教教会的外语教育和外国文学课程，对培养高素质的译者起到了很大的推动作用。同时值得注意的是，在纯文学翻译领域，天主教文人似乎不如新教文人活跃。论外语水平，晚清时期，在华天主教教会的中国神父都需接受严格的训练，法语和拉丁语是其中重要的课程。天主教耶稣会在上海所办徐汇公学的首届毕业生

① 郑振铎：《序》，载《天方夜谭》，奚若译，叶绍钧校注，上海大学出版社，2014，第11页。

中，最为大众所知的马相伯、马建忠兄弟均通晓多国语言，马建忠还曾协助李鸿章与外国人交接，办理洋务事宜。以上两例足以证明，当时中国江南天主教文人中不乏外语水平突出的人才。但是，在华天主教教会在文化教育方面的政策相对保守，一方面对宗教宣传的形式、内容限制较多，发挥文学性的余地不大；另一方面，教育事业集中于初、中等教育，相较自19世纪末就开始蓬勃发展的新教大学，天主教教会到1919年时在中国也只创办了一所大学，在此背景下很难培养出具有较高外语水平和文学素养的翻译人才。天主教文人与新教文人在纯文学翻译领域的不同表现，映射出宗教对文学翻译产生的负面影响。

第二节　诗歌创作

一　赞美诗与其他基督宗教题材诗歌

赞美诗（Hymn）是一种与基督宗教密切相关的艺术形式，众人跟随旋律演唱歌词，表达对上帝的赞美，有时还有乐器伴奏。赞美诗在晚明就已进入中国，并且很快就出现了本土化作品：中国天主教徒吴历（1632－1718）创作宗教音乐集《天乐正音谱》，其中包含赞美诗歌词。但是赞美诗的大量结集出版，则是近代的事。在这些赞美诗中有许多中文作品，最初大多是外国新教传教士的译作，后来逐渐出现了外国传教士用中文创作的诗歌和中国信徒创作、编印的作品。这些赞美诗的语体既有文言文和官话，也有方言土白。1869年，《教会新报》刊登了顿醒子创作的赞美诗《赞美新诗四律》：

赞美圣父

歌声赞美颂悠扬，万有全能自主张。日月星辰昭赫赫，山川草木郁苍苍。至尊至大恩难载，无尽无穷德莫忘。圣父慈悲当永敬，好教引领到天堂。

赞美圣子

歌声赞美颂悠扬，流血捐躯苦倍尝。异迹证传《新约》句，《福音》遗使后人详。至恩施义承天性，赎罪无辜照世光。圣子功劳宜速信，好教引领到天堂。

赞美圣神

歌声赞美颂悠扬，感化恩隆悯善良。愿意祈求邀眷顾，诚心悔改享平康。导开俗虑能消灭，教入真诠幸勿藏。深得圣神施力量，好教引领到天堂。

赞美三位一体

歌声赞美颂悠扬，三位尊崇一体彰。十字仁慈方有赖，万灵普被永无疆。耶稣主念传嘉祉，保惠师恩护吉祥。上帝荣光应爱敬，好教引领到天堂。①

顿醒子，真名及生卒年不详，根据他之前在《教会新报》上发表的文字，可知他大约十年前因逃难来到上海，后来在上海受洗入教并定居下来。② 这四首律诗都以“歌声赞美颂悠扬”开头，“好教引领到天堂”结束，押韵也保持一致，形式整齐、音节响亮。从形式上看，它与早期新教传教士译成中文的赞美诗十分相似，都采用了中国传统的律诗形式和浅近的文言表达，与后来山西教徒席胜魔创作的赞美诗（1886年出版）相比，显得创新不足。《教会新报》和《万国公报》一直刊登中国教徒的诗作，但其中的赞美诗却寥寥无几，这一现象与顿醒子所作赞美诗的缺乏创新，似乎都反映出此时的中文新教赞美诗仍以外国传教

① 顿醒子：《赞美新诗四律》，《教会新报》1869年第18期。

② 参见顿醒子《顿醒子来信》，《教会新报》1868年第2期。

士的翻译和创作为主导。在赞美诗出版相当繁荣的江南地区，中国基督宗教文人开始尝试自己创作中文赞美诗。尽管这类作品数量很少，形式上的突破也有所欠缺，但毕竟体现了中国基督宗教信徒对新艺术形式的关注，为日后中国本土赞美诗创作的高潮埋下了伏笔。

以外来宗教为题材的诗歌，在中国文学史上很早便已出现，但在晚清中国诗坛，基督宗教题材的作品仍属新鲜。实际上，与中文赞美诗一样，基督宗教题材诗作并非清代才出现的新生事物，但将它们置于刚刚结束百余年严厉禁教的晚清中国，则同样使当时的人们感到新鲜，有的作品选取《圣经》故事加以吟咏，如下面这组咏《旧约》故事的七律：

亚坍食禁树

埃田园里足徜徉，为听奸魔失主张。舌鼓笙簧原易惑，果珍李柰竟先尝。

狮寻可噬防宜早，蛇作人言意岂良。我祖违恩成首逆，汗流泱面苦非常。

挪亚入方舟

高阔方舟刳木成，因遵神命费经营。四旬霪雨从天注，八口浮家向水行。

对对文禽覘活泼，双双猛兽极纵横。上苍应亦怜多杀，为现长虹志晚晴。

亚伯拉罕献子

掌珠一颗炫明光，旋遇销沉意倍伤。岂不提携深保赤，其如诰诫出穹苍。

备身以献同吾主，释缚而归慰乃郎。信德由来为众父，星沙后裔孰能量。

先知以撒娶妻

异族何堪咏好逑，父家洵足觅骞俦。严君有命丁咛嘱，老仆多能子细求。

人跪井旁心恳切，车迎路上意绸缪。良缘作合原非偶，饮尔诸驼韵事留。

以扫卖长子业

天生善猎意纵横，冢子有基孰与争。枵腹旋归从绿野，甘心卖业为红羹。

持弓漫羡蒙茸体，受祝难成盛大名。我恨以东神旨定，一憎一爱允公平。

雅各牧舅父羊

旅居谁说尔无羊，求牧与刍转汲忙。荷笠休辞过北墅，射屏终见选东床。

七年星换光阴快，二女风高姓氏香。他日弄璋夸济济，班联十二自成行。

诸子彩衣示父

爱怜少子最关情，制得花衣被体轻。陡起狼心吞弱弟，幸从虎口脱余生。

日星入梦词非假，禾束成行记最清。老父神伤终莫慰，凄凉白发哭吞声。

约色籴谷认兄

秉钧首相极尊荣，籴谷前来二五兄。佯作诘奸声激烈，暗怜同气泪纵横。

肆筵馈馔成欢饮，解橐藏杯寓别情。骨肉团圆群喜乐，逢凶化吉著鸿名。[①]

---

① 潘文鹤：《宁波潘文鹤教友〈旧约〉七律八首》，《中国教会新报》1869 年第 36 期。

这八首诗取材于《圣经·创世纪》，在对故事的简单叙述中插入作者的议论，大部分文字着眼于完整交代故事情节，对个别场景、片段的集中描写并不多见，在形象性方面明显欠缺。作者非常注意对仗，但语言有时略嫌平直板滞，如“日星入梦词非假，禾束成行记最清”，这一联典出《圣经·创世纪》中约瑟（“约色”）的两个梦境，按《圣经》记载，约瑟讲述这两个异梦，均受到家人质疑，直到他多年后当上埃及宰相才应验。“词非假”“记最清”对仗工整，直截了当，但缺乏含蓄和回味。这种现象与作者的宗教信仰不无关联：虽然作者注重诗歌的形式美，但宗教教义更深地铭刻于他的心里，因而诗歌也有较为浓重的说理气息。当然，作者本人的艺术修养和趣味可能也产生了一定影响，可以类比的还有其他教徒所作的基督宗教题材诗，如：

闻道虽多悟道稀，世人总为世途迷。天心仁爱推吾主，舍伪求真莫自疑。

作客人间返有期，虚花岁月怅何之。一朝许到荣华国，洁白无瑕咏圣诗。

步趋圣迹效微劳，历算平时抱歉多。愿献残躯为活祭，此生此志不容磨。

老蛇狡猾计偏多，人自昏迷入网罗。若谓违神未必死，请看始祖果如何。①

以上四首诗节选自杭州新教信徒的唱和诗。可以看到，它们仍以叙述和评论为主，重点放在对基督宗教教义的宣讲和作者虔诚信仰的表达上，“诗味”则较为淡薄。其中第四首与前文所引咏《旧约》七律中的《亚坍食禁树》相比只是略做简化，在思路上如出一辙。即便存在多种不足，这类诗显现了中国江南基督宗教文人将外来宗教与本土文学结合

① 吕安德：《杭州吕教友和福州王教友诗》，《教会新报》1869 年第 47 期。

的努力，在文学史上则是晚清江南地区本土赞美诗创作“复活”的证据。

二 非基督宗教题材的诗歌

至于非基督宗教题材的诗歌，在同一时期的江南基督宗教文人中，王韬和邹弢的诗较有名气，受到的评价也比较高。邹弢（1850－1930），字翰飞，号瘦鹤词人、潇湘馆侍者，亦号司香旧尉、酒丐，晚号守死楼主，江苏无锡人。少年求学苏州，光绪七年（1881）至上海任《益闻报》笔政，自此活跃于沪上文坛，曾任《苏报》主笔，与牟渊如合办《趣报》。光绪二十五年（1899）入教。[①] 后逐渐转向教育界，曾在上海启明女中任教，亦创办养正学堂、保粹函授词章学校。晚年贫困，回乡终老。邹弢擅诗词骈文，曾以《黄花诗》传诵一时，故有“邹黄花”之称，著作有《海上尘天影》《三借庐赘谭》《浇愁集》等。王韬和邹弢都是怀才不遇的文人，来沪后接触到西方文明，并觅得安身立命的新方式，他们的诗作走在时代潮流前沿的特色十分突出。

学者论及王韬创作的诗歌时，往往肯定其海外题材诗的新人眼界之功：“他确是黄遵宪、康有为之前第一个‘吟到中华以外天’的诗人。虽然由于时代的局限，他对‘欧亚新声’的搜求还不能同黄遵宪、康有为相比，但他毕竟写了前人未写之物，辟前人未辟之境，扩大了古典诗歌的表现范围。”[②] “……其中最引人注目的是王韬的海外诗，黄遵宪所说的‘然其身世之所经，耳目之所见，奇奇怪怪，皆不及君子远甚也’的作品当包括这一部分。……反映欧洲社会的诗作尽管不多，但在当时确实非常新鲜，具有特殊的意义。”[③] 细读王韬的海外诗，除了描

① 目前尚无法确定邹弢所入是天主教还是基督教，但从《三借庐集》中的一些细节中看，他入天主教的可能性更大。

② 李景光：《简论王韬的诗》，《社会科学辑刊》1988 年第 4 期。

③ 党月异：《略论王韬文学观念与文学创作的近代化》，《学术论坛》2009 年第 10 期。

绘新事物，拓宽了中国诗歌的表现领域之外，还有更丰富的感情和内容，往往在描写海外见闻之后，紧接着表达故国之思，如：

山川洵美非吾土，家国兴衰托异乡。[①]（《到英》）

我乡岂无好山水，乃来远域穷搜研。昨者家书至海舶，沧波隔绝殊可怜。因涉名区念故国，何时归隐江南边。[②]（《游伦伯灵园》）

天悦羁人出奇境，家乡不见空生哀。[③]（《独登杜拉山绝顶》）

海外风光带给王韬前所未有的新鲜体验，但终究无法抹去他对故国的牵挂，这种牵挂中包含着对祖国时局的忧虑。

对于邹弢来说，虽然未能像王韬一样出国游历，在诗中介绍当时西方世界的风貌，但他与前者一样忧心国事，把对社会现实的关注倾于诗作：

有元至满清，胡人专制久。去年光复功，奋力离虎口。方喜登春台，五族中原有。岂知党祸张，功名属屠狗。群魔变相来，道德陵夷陡。权利竞私谋，圣言若敝帚。[④]

所引诗句出自邹弢于壬子年（1912）所作的《希社第四集和野衲韵》，短短六十字，不仅回顾了自辛亥革命以来的政局变幻，而且饱含着作者深切的愤慨。从前六句来看，作者此时虽已年过花甲，但思想并不保守，对推翻清朝统治，建立共和政权持欢迎态度，五族共治的政治主张也被他吸收入诗（“五族中原有”）。以新思想、新名词入诗，在这一点上邹弢与王韬也是一致的。王韬的《赠日本长冈侯护美时方奉使荷

① 王韬：《到英》，载《清代诗文集汇编》编纂委员会《清代诗文集汇编》708，第 50 页。
② 王韬：《游伦伯灵园》，载《清代诗文集汇编》编纂委员会《清代诗文集汇编》708，第 52～53 页。
③ 王韬：《独登杜拉山绝顶》，载《清代诗文集汇编》编纂委员会《清代诗文集汇编》708，第 53 页。
④ 邹弢：《希社第四集和野衲韵》，载《清代诗文集汇编》编纂委员会《清代诗文集汇编》773，第 58 页。

兰》“亚洲与国我为大”句出现了“亚洲”这个新名词，至于在诗中肯定西方文明长处的例子，则又不在少数。新思想、新名词都是伴随社会变化而出现的，因此将它们纳入诗中，也是关注现实生活的一种体现。

在当时中国内忧外患的情势下，王、邹二人关注现实的诗作往往具有沉郁之气和阔大之感，二人亦有张扬个性的作品。王韬《游日光山将归作诗别山灵》想象恣肆，语言诙谐，洋溢着勃勃生气：

> 吾来山中已三日，初无一诗答山灵。山灵昨夕惩我顽，宿疴忽发身弗宁。惟我登山兴弗阻，蜡屐更向险处经。出奇欲与山灵战，飞符天上遣六丁。万里乘槎作远客，况工文字胸罗星。何不食我胡麻饭，何不饮我桃花醽。乃徒狡狯使我病，山气入骨寒冥冥。书生受侮叩真宰，绿章万字陈金庭。天公一笑两无袒，俾呈奇境娱视听。飞岩横悬匹练白，排闼远送岚光青。泉流万道走虹霓，石吼一隙惊雷霆。更令骄阳时蔽匿，凉意散作微雨零。复有无数黄蝴蝶，沿途护我蓝舆停。行竹木中衣袂碧，遥参鼻观山花馨。半旬游历差快意，乃与山灵相忘形。重游未卜在何日，特祝山灵千万龄。[①]

这首诗将想象与现实相结合，虚构出“我”与“山灵”从相争到相嬉的一系列情节。“出奇欲与山灵战”等句表现出作者的乐观自信和顽强意志，也蕴含着对于独立人格的肯定；“书生受侮叩真宰”的情节使作品更富戏剧性，也使“我”才华横溢、狂放不羁的形象更为突出。“飞岩横悬匹练白”以下诸句写景动静结合，气势逼人的“奇境”层出不穷，也有清新别致的风光将整段描写加以平衡，使山中风光全面、丰富地展现在读者眼前，更显现出“我”的怡然自得的心态。在诗的最后，“我”与“山灵”已成了忘形之交，面对这位神灵，“我”丝毫没

① 王韬：《游日光山将归作诗别山灵》，载《清代诗文集汇编》编纂委员会《清代诗文集汇编》708，第69页。

有常人的畏惧之意，可见“我”的性格中不仅有传统文化中“狂狷”的特征，还有肯定独立人格、摒弃偶像崇拜的一面。将这种特点直白地表露在诗作中，也足见王韬对自我的张扬。

邹弢在五十岁时以诗直抒胸臆，则采用了另外一种自我表达的方式：

> 臣本高阳旧酒徒，壮年辛苦学耕夫。累人柴米油盐酱，误我之焉者也乎。八股平生最鄙。秋闱九荐，屡中屡弃，亦命薄也。纵有虚名能寿世，倘无傲骨不穷途。目下论交，言动嚬笑，处处荆棘。余嫉俗太甚，遂少亲知。妻孥习惯鸰原近，两子鲁枚幼读，两女已嫁。内子勤俭，幼女在申。伦理常亲胆便粗。①

值得注意的是这首诗的中间两联。作者指出科举误人生涯，世风媚俗太甚，这种不合于当时主流意识形态的批评里浸透了诗人自己的辛酸遭遇，因此显得格外真诚与尖锐。邹弢的遭遇在当时并非个例，沈毓桂（1807－1907）也是一位怀才不遇、来到上海寻觅生路的文人。沈毓桂，字寿康，号赘翁、匏隐居士、古吴居士等，江苏吴江县（今苏州）人。少负文名，屡试不中。1849 年冬，赴上海，与王韬相识，并经后者引荐结识麦都思，入墨海书馆，1850 年秋返苏州。1859 年重返上海，结识艾约瑟，再入墨海书馆，同年入新教。1861～1866 年，为艾约瑟中文翻译及传教助手，随行烟台、北京。最晚于 1869 年受聘于林乐知创办的《教会新报》（《万国公报》前身），1878 年任《万国公报》主编，1882～1896 年，任中西书院掌教。1894 年以病辞。沈毓桂著作有《匏隐庐文稿》《匏隐庐诗稿》等，在《偶感二首》中，他在回顾身世时感慨不已：

① 邹弢：《五十放言》其二，载《清代诗文集汇编》编纂委员会《清代诗文集汇编》773，第 54 页。

南北东西老此身，乾坤何日息劳薪。抟鹏空冀三千路，磨蝎将经八十春。煮字无功谁进食，卖文有价莫医贫。都门鞭影滇南路，朋旧声华梦亦除。

童乌聪慧记依稀，欲授元经素愿违。诗味恰同蔬笋淡，官情敢羡稻粱肥。侧身天地悲孤独，回首宗支叹式微。怅望故乡归未得，海天云树隐晴晖。①

虽然比起上文所引《五十放言》要含蓄一些，但这两首诗同样反映了壮志难酬的无奈和对“学而优则仕”观念的否定。

在王韬和邹弢的诗中，有关风月游冶的作品也很多。这类作品往往风格绮丽但千篇一律，深度和创新不足。不过从另一个角度解读，这些诗在作者眼中的意义也许就不仅是经历、感受的记录或交往应酬的工具。王韬曾在诗中为自己对青楼风月的热衷加以解释：

东国名儒谈道学，南州狂士说莺花。不知至理原无异，儿女痴情总不磨。②

王韬在诗中毫不避讳自己“谈莺花”的言行，因为在他看来“儿女痴情”也是“至理”的一种表现形式。邹弢《三借庐集》收录了俞钟銮的题词，其中有这样几句：

茫茫增万感，浊世少知音。一卷冬郎集，千秋志士心。能于艳情处，写出古时箴。香草美人意，风骚说至今。

在这里，俞钟銮指出邹弢诗中的“艳情”实际上还有合乎大雅、寄托深遥的一面。经世致用的抱负不得舒展，便将它寄托于儿女情长

① 沈毓桂：《偶感二首》，载沈毓桂《匏隐庐诗稿》，清光绪二十二年铅印本，第 20 页。
② 王韬：《小集柳桥川长楼赋呈座中诸同人》，载《清代诗文集汇编》编纂委员会《清代诗文集汇编》708，第 61 页。

中，在追求“不朽”的道路上与“英雄”成为同道中人，这或许也是王、邹等人吟风弄月、流连绮罗的原因之一。

王韬有一首《我诗》，或许可以反映他在诗歌创作上的态度：

客来问我诗，我诗贵笃挚。譬如和太羹，其中有圣味。
平生所遭逢，自言无少讳。满胸家国忧，一把辛酸泪。
书必读万卷，笔不著一字。从未区宋唐，惟在别真伪。
我当少年日，词亦工侧媚。花月赋闲情，帷房抽绮思。
甫踰弱冠年，饥躯遂入世。……
从兹历艰难，稍复尚意气。跃冶动见憎，怀才安得试。
逮乎忧患来，置身几无地。冷眼识交情，热衷绝世事。
但知吟乱离，不能饰平治。但知乐饥寒，不能炫富贵。
咿唔秋草根，聊以鸣吾志。不求人见知，永为世所弃。
客乍闻此言，悚然欲退避。揖客且闭门，将诗藏敝笥。①

展露真实的自我，写真情实感，记亲历亲闻，不以技巧雕琢为事，不以迎合众人为求，王韬等人诗作之优秀者，几乎都是这样。这些诗作从大量应酬与颂扬文字中脱颖而出，成为佳作代表。

第三节　论说文创作

一　参与报纸编辑的文人

通过文章介绍社会上的种种新闻变化，表达对时局的观察、意见，乃至形成颇有势力的舆论，在近代中国是相当常见的现象。当时活动于

① 王韬:《我诗》，载《清代诗文集汇编》编纂委员会《清代诗文集汇编》708，第45页。

江南的中国基督宗教文人，在论说文创作方面也有一定成绩。

政论文方面，参与报纸编辑的文人中作品最丰富、产生影响较大的王韬即是其中重要代表，有人曾高度评价王韬是“中国报道文学之先驱者”：

> 王韬以辞能达意为主。其文学观点，适合于报道文学。其时虽渐有日报，多为西人所办，偶附海外大势，时事消息，其执文笔犹不及王韬。自此以后，作者波澜，乃臻壮阔。考王韬论著内容比之爱迪生①，趣味风格，似无多让。虽尚不及现代语体之畅达，实为适合该时代之产物，为前世文学界所无。尤堪称为中国报道文学之先驱者。②

在王韬所处的时代，报刊文章往往“述”“论”结合。王韬的文章是否空前或可商榷，不过其纵横东西的眼界和通畅自然的文笔，确实在当时独树一帜。大约和王韬同时进入报界的沈毓桂，也在报纸上发表了很多评论时事的文章，这些文章的内容和思想较为趋新，但在眼界的开阔和文字的自然多变上与王韬的文章还有差距。王韬和沈毓桂都有倡议兴建铁路的文章，本节选取两篇做一简单比较。

王韬的《建铁路》先简述他人反对在华修建铁路的理由，然后反驳道：“是殆中国未之行耳，中国之民未之见耳。”紧接着，他提出自己的看法：“设使由少以成多，由近以及远，暂行试办，安见其必多窒碍乎？”他举英国大臣在吴淞铁路建成后“设宴相延，为中国捧觞称庆”的例子，引出建铁路对中外通商有益的观点，并利用具体数据来介

---

① 即约瑟夫・艾迪生（Joseph Addison，1672－1719），英国作家，曾与理查德・斯梯尔（Richard Steele，1672－1729）合办《旁观者》（*The Spectator*），以随笔散文描写、叙事、抒情、议论，又有幽默气息，在当时颇受欢迎，其散文风格亦影响后世。谢无量称其“文体平易，议论明通，其中批评文艺政治兼附小说戏曲，为时人所爱诵。启发百年后之浪漫派文学，为英国报道文学之开山祖师”。参见谢无量《王韬——清末变法论之首创者及中国报道文学之先驱者》，《教学与研究》1958 年第 3 期。

② 谢无量：《王韬——清末变法论之首创者及中国报道文学之先驱者》，《教学与研究》1958 年第 3 期。

绍西方铁路的建设规模、运营制度和成效。在强调兴建铁路于经济方面有益的同时，王韬还指出这种建设对军事国防的好处："且国家于有事之时，运饷糈，装器械，载兵士，征叛逆，指日可以集事。何则？以兵警军情传递甚速，彼此应援，捷于呼吸也。"① 王韬试图引导读者把西方已有的成果移植至对中国铁路的设想中，以争取他们对铁路事业的好感。在正面说明铁路益处之后，作者又联系"骤增口岸，轮舟之利已穷矣"的现实，指出铁路交通可以与趋于饱和的船舶交通形成互补。为了支持自己的观点，他先追溯十余年前英国商人的动议，反映此事之有益，又提出可以先行试点于通商口岸，"上海吴淞其已事可援也"，表示此事之可行。文章末尾总结道：

> 夫天下事，未有不受之以渐而图之以豫者，惟明者能料之于先，识者能见之于著。三十年之后，其事机又将一变乎？或者谓轮车铁路未尝不利于国家，便于商贾，与其因西商之请而为之，不若我中国之自为。然而执持成法，拘泥宪章者，恐其议格不能行也。审势揆时，非出自西人，则中国断不自为之耳，此贾生所为痛哭流涕长太息者也。②

这一段在内容和感情上都是先扬后抑：首先强调要"受之以渐而图之以豫"，因为建铁路利在长远；随后感叹朝廷"执持成法，拘泥宪章"，"非出自西人，则中国断不自为之耳"——这既是对现实形势的判断，也是对朝廷政策的批评。纵观全文，王韬说理不离现实，他以非常积极的态度向广大读者直接介绍当时的西方世界，同时也注意联系中国的现实情况；文字形式自由，不拘骈散长短，传情达意即可。

同样是倡议兴建铁路，沈毓桂的《铁路利益论》开篇论述铁路

---

① 王韬：《建铁路》，载王韬《弢园文录外编》，上海书店出版社，2002，第 72 页。

② 王韬：《建铁路》，载王韬《弢园文录外编》，第 73 页。

“不但利商也，更且利民”，在山西灾荒的情境下演绎铁路对输粮赈灾的作用之大；接着又列举多地可借铁路运出特产，售卖获利，显示铁路助益行商；之后论证铁路“以言行军，更可见智”，先总说铁路“防兵不须多调，闻警即可立至。以电线传报，以火车驰援，日行千有余里，如调千里之兵，可朝发夕至也。平时警未至，则自有本处之兵防守，无烦纷纷多调也，则饷可节也”①，随后又以滇、黔、蜀、晋、陕、甘、蒙古为例说明，之后又提出铁路可以与海道互为补充、相互呼应，作为修建铁路在军事上的又一好处。正面阐述之后，作者一一解答对于中国建设铁路的种种疑问。首先是资金来源问题，沈毓桂给出了三种解决方法，在对三种方法的介绍中，简略提到了日本、美国、法国、意大利等国的实例，不过与王韬《建铁路》不同的是，《铁路利益论》介绍傅兰雅《火车铁路论》、林乐知《铁路火轮车图说》、马斯孟《木路火轮车论》并推荐读者详细阅读。文章的最后一部分针对人们可能担心的铁路“隐害”设置了六个问题，进行逐一解答，其中又引用了英国人柯来孟孙的《铁路有益论》。对外国人著作的一再推介，反映的是作者对西方知识文明的信赖，他相信借用西方的经验可以更好地建设中国；不过这种信赖存在盲从的风险，中国读者可能因此与作者产生距离感，而且这些推介也表明作者的例证多是二手材料，如此一来论证的力度也被削弱。排比和反复有增强语势的作用，《铁路利益论》中也多处出现了同一句子反复的情况，如在描述各地可用铁路外运特产获利时，每谈一地之利，都以“又智之一端也”作结，一共出现六次，强调了修建铁路的重要意义，却也容易使文章显得呆板冗长，特别是类似写法在文中多次出现的时候。和王韬的文章比较，以上不足就更加明显。

作为新兴媒体，清末民初面向大众出版发行的报刊改变了中国社会

---

① 沈毓桂：《铁路利益论》，载沈毓桂《匏隐庐文稿》，清光绪二十二年铅印本，第 105 ~ 106 页。

上信息流通交换的模式：定期出刊要求保证信息的更新速率，对内容的时效性提出了更高的要求。随着阅读对象由皇帝、士大夫向社会中下层的扩展，编者开始关心更广大读者的口味与需求，这些读物赢得了大众的关注并产生了巨大的社会影响力。批量复制的生产方式也对这些读物的传播产生了巨大的推动作用。在上文分析的两篇政论文中，可以看到作者们都积极介绍当时的新技术、新知识，议论时针对现实，结合现实，这些特点反映了文章的时效性。王韬还曾撰写过以日常生活为主题的论说文，如《论燃放爆竹》《自来水最便于救火说》等。这些文章关注的不是传统意义上的军国大事，而是较为琐碎，但对普通百姓非常重要的公共服务领域。运用流畅的简单文言自由叙述、说明和议论，称之为日后“新民体”的前驱亦不为过。“向下看”的立意思路和但求辞达的表达方式，也预示着报章杂志未来发展的方向。越来越多的政论文见诸报端，不仅为这种文类扩大了影响，而且起到了某种示范作用。读者们在阅读后开始模仿、批评、改进、创新，为日后的文学实践打下基础。需要说明的是，这些作者有时在论说文中也会流露出基督宗教对其的影响，只不过此种影响表现得比较隐蔽。王韬在《原道》中梳理了从古至今出现在中国的各种宗教，不仅扬儒抑佛，而且将天主教和新教（“耶稣教”）进行对比和评判：

> 近惟天主、耶稣两教与儒教屹然鼎峙。天主教中所有瞻礼科仪、炼狱忏悔，以及禁嫁娶茹荤，无以异乎缁流衲子，此殆不及耶稣教所持之正也。①

王韬在这篇文章中认为东西方“圣人”心同理同，东方与西方的“道”亦相通，似乎是倡导宽容对待西方文明；但在西方文明中，他又将同样信仰上帝的天主教与佛教类比，不留情面地加以贬抑，由此可见

---

① 王韬：《原道》，载王韬《弢园文录外编》，上海书店出版社，2002，第 2 页。

其潜台词是将新教与儒家并举，抬高新教的地位。从作者的新教教徒身份切入，这种似乎并不必要的比较得到了较为合情合理的解释。

二　其他基督宗教文人：以马相伯为例

报界文人之外，也有其他基督宗教文人活跃于政论文领域，马相伯（1840－1939）就是其中的代表。马相伯名良，以字行；曾名志德，字斯臧，又曾用名乾、钦善、建常，字相伯，或作湘伯、芗伯；晚号华封老人。原籍江苏丹阳马家村，生于江苏丹徒（今镇江），家族世奉天主教。出生满月即受洗为天主教徒，洗名若瑟，亦作若石。咸丰元年（1851）入法国天主教耶稣会办圣依纳爵公学（后改称徐汇公学），攻读法文、拉丁文、希腊文、神学、数理和天文等学科。同治九年（1870），获神学博士学位，并祝圣为司铎；同治十年（1871），调任圣依纳爵公学校长；光绪七年（1881），任清政府驻日参赞。后协助李鸿章办理洋务，游历欧美；光绪二十九年（1903）创办震旦学院，两年后另创复旦公学；光绪三十三年（1907），赴日就任政闻社总务员，次年回沪。1912年，在民国政府任职，之后积极投入反对孔教立国的运动；1917年，返沪隐居，对宗教事务兴趣逐渐增长；1931年，“九·一八”事变后积极参加抗日救亡活动。马相伯著作有《致知浅说》、《灵心小史》、《拉丁文通》、《马氏文通》（与马建忠合著）等。即便马相伯曾经在宗教与世俗间摇摆，天主教教义的影响还是浸入了他的政论文中。在他著名的文章《政党之必要及其责任》中，这种影响是显而易见的。讲解国家起源时，对于构成国家的基础——人，马相伯进行了二元划分：

> 凡有血气者，莫不自爱我。然所谓我者，有形我焉，有神我焉。禽兽知有形我而不知有神我，故永世不能以为群。人类者，非

徒以形我之安佚而自满也，必更求神我之愉快，苟孑然孤立而无偶，则虽极耳目口腹之欲，而必非人情之所乐。①

所谓“形我”“神我”，看上去是佛教化的语言，实际所指却是西方哲学中的“物质”与“精神”。文章中，禽兽因“不知有神我”，因而“永世不能以为群”；而明末入华耶稣会士常在著作中从《孟子》“人之异于禽兽者几希”引出神学中的灵魂学说——作者在此与后者可谓异曲同工。马相伯解释国家起源，并未采用当时国内流行的英国进化论，因为后者“徒举形我之一方面，而遗神我之一方面”。在他看来，“竞争”、“禽兽”、“野蛮人”与“形我”属于同一阵营，是人性比较低级的一面，而“合作”、“人”（与“禽兽”相对）、“文明人”与“神我”处在另一阵营，代表人性高尚的另一面。人能建立家族、部落，是“惟知有神我故”；文明人能够建立国家，是“惟能扩充其神我故”。如此推崇“神我”的作用，背后还是作者在天主教义理浸润下，总是对人类抱有美好的期望，希望他们摆脱肉体和私欲的局限，自觉追求并实现灵魂层面上的升华。

与当时许多政论文作者不同，马相伯还有一重演说家的身份。据马相伯晚年回忆，他曾因自己的演说词受到张之洞的赞赏：“当时尝以‘爱国不忘读书，读书不忘爱国’一语，蒙湖广总督张之洞之称扬，以为中国第一名演说家。”② 实际上在此之前，马相伯已是一位受人尊敬的演说家。据泽村幸夫《马良先生印象记》记载，1887 年，马相伯刚刚结束在欧洲的游历来到日本，受邀在众多日本显要人物出席的场合致

① 马相伯：《政党之必要及其责任》，载朱维铮主编《马相伯集》，复旦大学出版社，1996，第 70 页。

② 徐景贤：《马相伯先生国难言论集》，载张若谷《马相伯（良）先生年谱》，文海出版社，1971，第 216 页。马相伯当时说此事在光绪三十三、三十四年前后，但实藤惠秀据当时人日记，认为这场演讲发表于光绪三十二年（1906），详见《马相伯传记资料（三）》，天一出版社，出版时间无。

辞，演讲之后，“一时掌声如雷，外交团中有许多外国人，特地趋前，向他握手道贺”[1]。马相伯晚年还回忆，光绪七年（1881），他在日本任东京中国使馆参赞，受日本政治家大隈重信（1838 - 1922）邀请发表演讲：

> 日本维新要人，有一次开很盛大的国际性质的集会，大隈伯再三请我说一席话，情不可却，便这般讲：“……”大隈伯一辈的人，想总能听而不能懂！[2]
>
> 日本的维新诸氏，如大隈伯比我要晚出世，我在日本，他请我讲演。[3]

人到老年，往往有记忆失真的情况发生，而且此事缺乏旁证，因此尚不能确定其真实性。不过从这两段回忆可以确定的是，马相伯对于自己“演说家”的身份是十分在意和珍惜的。1908 年初，由梁启超创立，并请马相伯担任总务员的立宪团体政闻社迁至上海，参与国会请愿运动。该运动很快被清廷取缔，而马相伯仍然经常在上海发表演讲。他演讲时的慷慨激昂和风趣幽默，被当时上海的报纸总结为“马相伯演讲像做戏”[4]。

作为一种用语言在公众场合表达特定（尤其是有关政治、道德和学术的）观点的活动，演讲在中国有着悠久的历史。上古时期，夏启准备讨伐有扈氏时，向属下发布战争动员令；商王盘庚迁都前后，对臣民进行劝诫；他们演讲的文字记录，就是《尚书》中的《甘誓》和《盘

---

① 〔日〕泽村幸夫：《马良先生印象记》，载张若谷《马相伯（良）先生年谱》，第 180 页。这段引文未指出具体年份，但从演讲词中“不多时，吾在欧洲游历”句推断，此事应在 1887 年。

② 徐景贤：《马相伯先生国难言论集》，载张若谷《马相伯（良）先生年谱》，第 132 ~ 133 页。

③ 马相伯、王瑞霖：《一日一谈》，载张若谷《马相伯（良）先生年谱》，第 133 页。

④ 参见李天纲《信仰与传统——马相伯的宗教生涯》，载朱维铮主编《马相伯集》，第 1253 页。

庚》，这两篇作品，是中国现今可见的最早的演讲词。此后演讲在古代中国继续发展，产生出更多的形式，讲学、辩论等都可以视作演说活动。明清两代，朝廷出于政治需要，要求各地宣讲“圣谕”，这也是一种演讲的形式。但是，马相伯的演讲与以上各种古代中国的演讲有显著的不同，“演讲像做戏”就是一种表现。在西方演讲术的传统中，“表演”是演讲若干重要环节中的最后一环，“要求对于身体的动作、双手的姿势、面部的表情、发声及其变化给予注意”①。“演讲像做戏”与西方演讲术的要求相符，这不能简单认为是巧合，因为马相伯当年在耶稣会接受的教育就十分重视训练演说能力。由于口头布道是神父重要的工作内容之一，教会一向着意培养学生演说、论辩的能力，并在长期的教学实践中总结出一套完整丰富的教学体系，学生不仅学习理论著作，而且在各种口头练习中提高自己的演讲水平。马相伯完成耶稣会修士的学业后，以“特优”成绩通过了耶稣会通考，这意味着他的演讲能力也得到了耶稣会的高度评价，而他日后在演讲实践中突出的表现力也就不足为奇了。

天主教会的训练使马相伯对西塞罗的修辞术非常熟悉，这为他的论说文写作提供了丰厚的养料。西塞罗（公元前106～前43）是古罗马著名政治家、演说家、雄辩家、法学家和哲学家，对于演讲和辩论有丰富的理论和实践经验，并留下了众多修辞学著作。在耶稣会的教育体系中，西塞罗的修辞术一直是修辞学学习的重要内容。根据耶稣会1599年正式颁布的《教学计划》，古典语言和文学是教学的最初五年，即“低年级学习”的主要内容。学生第一年的语言文法教材主要选自西塞罗的演讲词，第二、三年的教材中也包括西塞罗的拉丁文作品，第四年，学生需要为掌握雄辩术做准备，以西塞罗的作品为主要学习对象，第五年安排教授修辞学，西塞罗和亚里士多德的演讲作品是修辞格言和

① 〔古罗马〕西塞罗：《论演说家》，王焕生译，中国政法大学出版社，2003，第13页。

规则的学习资源。[①] 虽然尚不能确定晚清耶稣会开展中国教育事业时在多大程度上遵循了这一计划，但对西塞罗著作的学习在其中的比重，应是可以想象的。马相伯在《〈古文拾级〉序》中称西塞罗（原文中音译为“季宰六”）为“罗马文宗”，并引用其名言，可见他不仅曾接触过西塞罗的著作，而且对其评价很高。如果说马相伯的演讲词中“非本土”或“非传统”的特征与他所受的教会教育不无关系，那么这种关系中应该包含着西塞罗著作的影响。1916 年的《青年会开会演说词》篇幅短小，却也体现了马相伯演说词的某些“新”特征，此处全文摘录：

> 敝人此次受贵会之请，演说“中国今日之需要”，题目正大，实难一语言明。数年前某地造佛像，处长某闻某佛像在外附人言语，不守己分，遂收回之，修其眉，光其面，给两嘴巴，而嘱之曰：“勿再为不道之行！”今日中国之需，亦是急需两个嘴巴子。盖人为受造之物，竟忘却造物之主，行不道之行，亏良心而不顾，反言吾系尊某某宗教，某某圣人之徒。一言夫政治，不统帅人民，利用土地，不过率人于陷阱，如禽兽之轮食人肉而已。如此，其何能淑？载胥及溺而已。然今尚未及溺，所急需者，造物主给两嘴巴，从速革面洗心，崇尚道德也可。[②]

这篇演说词一个突出的特点，就是风趣幽默，短小精悍。在开会的正式场合如此调侃，在中国传统的演说词中是不容易见到的，而谐谑嘲讽却是西塞罗在讨论演讲术时特别关注的话题。西塞罗认为：“生活中任何时候都不可没有幽默和雅致。”[③] 他肯定幽默在日常生活中的意义，

① 参见陆永玲《站在两个世界之间——马相伯的教育思想和实践》，载朱维铮主编《马相伯集》，第 1282～1283 页。

② 马相伯：《青年会开会演说词》，载朱维铮主编《马相伯集》，第 184 页。

③ 〔古罗马〕西塞罗：《论演说家》，王焕生译，中国政法大学出版社，2003，第 425 页。

并且指出它对于演说家的重要性：

> ……引起笑，这是演说家最希望的。这或者是因为愉快本身能够引起我们对为之激发愉快的人的好感，或者是因为常常仅包含于一个词语的机敏，特别是包含于答辩者的词语，有时也可能包含于攻击者的词语的机敏，能够激起人们的称赞，或者是因为它能够制服对手，给对手制造障碍，贬低对手，威吓对手，驳倒对手，或者是因为它能够表明演说者本人是高雅之人，富有教养之人，文明之人，特别是因为它能够缓解悲伤，缓和严厉，并且常常能够消除令人烦恼的指责，对那些指责难以用证据排除，但却可以用嘲讽和笑把它们消解。①

对于如何“引起笑”，西塞罗在著作中也进行了详细的分析。他把嘲笑分为两种，一种源于语言，一种源于行为。一种区分两者的简单方法是观察特定词语改变后是否还能引人发笑。《青年会开会演说词》中的幽默，显然属于后面一种。这种嘲笑优点在于“当你展示事件的时候，能够使你所叙述的人物的习性、谈话、神色全都呈现出来，好像那些事情当时就发生在听众的面前”②，它“需要叙述清晰，需要把一切展现在面前，令人觉得一切像真的一样，然而又显得很鄙陋，令人可笑”，而且寓言故事甚至历史故事也可以归入这种嘲笑的类型。此外，“讥嘲还可以源自相似性，这种相似性通过比较或者描写而获得”③。受人膜拜的佛像被处长打嘴巴，本身已经具有讽刺意味，而演讲词中又绘声绘色，巨细无遗地描述当时处长的动作和语言——“修其眉，光其面，给两嘴巴，而嘱之曰：‘勿再为不道之行！’”，使现场的听众有身临其境之感，而且进一步增强了喜剧感，表现出佛像不守本分的恶劣品

① 〔古罗马〕西塞罗：《论演说家》，王焕生译，第 385 页。
② 〔古罗马〕西塞罗：《论演说家》，王焕生译，第 389 页。
③ 〔古罗马〕西塞罗：《论演说家》，王焕生译，第 417 页。

行。但是，演讲者的嘲讽并非到此为止，他真正要嘲讽的对象，是当时中国那些“行不道之行，亏良心而不顾，反言吾系尊某某宗教，某某圣人之徒。一言夫政治，不统帅人民，利用土地，不过率人于陷阱，如禽兽之轮食人肉而已”的人，他们与前面故事里的那尊佛像一样，忘却了自己头上的神明，不安本分，行为不端，因此也“急需两个嘴巴子”，“从速革面洗心，崇尚道德”。在这篇极为简短的演说词中，马相伯先是引述“旧事”（很可能有虚构成分，甚至是完全虚构的），然后话锋一转，挖掘其中的深意，将当时中国的某些人与故事里的佛像类比，揭露他们的恶劣品行，最后顺水推舟，提出自己的观点。这篇演讲词虽然幽默，却又是严肃而深刻的。从运用嘲讽来加强演讲效果的角度上看，它确实贯彻了西塞罗的演讲术观点。

作为演说家的马相伯，从已知资料来看，不是最早在近代中国撰文倡导演讲的人，却毫无疑问是中国重要的早期演讲家。他用自己富有感染力的声音、神态和动作，面对面地带给听众们有关“演讲”的感性认识。他的演讲，还代表着影响中国近代演讲发展的一股力量。学者们论及近代中国演讲的发展时，注意到中国本身的演讲传统、日本传入的相关知识，以及晚清入华新教传教士的影响①，而对明代来到中国的天主教会着墨不多。事实上，从利玛窦开始，外籍耶稣会士就多次和士大夫、佛教僧人进行辩论，其中一些辩论还非常著名，如利玛窦与僧人雪浪的辩论、艾儒略与福州士大夫的辩论。这些辩论不仅为中国带来了新的思想知识，而且向中国人展示了西方的演讲技巧，为演讲在中国的发展提供了外来资源。中国天主教文人很快也加入了这股力量，并且采用的是一种更为本土化的方式。明代崇祯年间，天主教徒、山西绛州士人韩霖受绛州知州孙顺之命，撰书宣讲明太祖的“圣谕六言”，于崇祯十

① 参见陈平原《有声的中国——“演说”与近现代中国文章变革》，《文学评论》2007年第3期；袁进《近代演说与传教士》，《中国文学研究》2009年第2期。

四年（1641）撰成《铎书》。该书大量征引入华耶稣会士的中国著作、儒教典籍与历史文化名人的言论，甚至还大量引用了明末非常流行的善书《了凡四训》[①]，在汇合不同文化的过程中，将运用西方传统修辞术的实例介绍给普通百姓。清初耶稣会中国神父吴渔山口头布道的言辞，经人记录整理为文字，名曰《口铎》，这是演讲传统在明清天主教文人间传承延续的又一证据。而马相伯则足可代表这股潮流在近代的发展。西塞罗演讲时的音容笑貌虽已无从知晓，他的演讲词却流传下来，成为后世欣赏与学习的典范；当演讲转化为文字，它对文学语言的借鉴意义显而易见。正是在这样的考量下，马相伯的演讲与演讲词在近代文学发展的进程中，也贡献了自己的一份力量。

第四节　小说创作

一　世俗化的短篇作品集

近代中国江南基督宗教文人的小说创作形式多样。短篇小说有王韬的三部作品集：《遁窟谰言》《淞隐漫录》《淞滨琐话》。《遁窟谰言》最早于光绪元年（1875）由上海申报馆印行，系以王韬早年创作为基础，在香港增删而成。《淞隐漫录》在1884～1887年连载于《点石斋画报》，1887年由点石斋印行。《淞隐漫录》连载结束后，《点石斋画报》继续刊载王韬创作的小说，题名为《淞隐续录》。《淞隐续录》连载四卷即告结束，光绪十三年（1887），点石斋出版了《淞隐续录》的石印本。光绪十九年（1893），淞隐庐印刷《淞滨琐话》，该书是在

① 参见孙尚扬《上帝与中国皇帝的相遇——〈铎书〉中的儒耶互动与伦理建构》，载韩霖《〈铎书〉校注》，孙尚扬、肖清和等校注，第7页。

《淞隐续录》的基础上增添17篇作品而成。《遁窟谰言》《淞隐漫录》《淞滨琐话》问世后多次重印，可见它们在社会上受欢迎的程度。一般认为这三部作品集是短篇小说集，不过其中也有数篇笔记形式的散文。

三部著作都有与《聊斋志异》相似的传奇志异的特征，这从《淞隐漫录》曾被改名为《后聊斋志异图说》（光绪十三年大同书局石印本）和《绘图后聊斋志异》（1921年广华书局石印本）即可见一斑。不过从内容和风格上看，它们仍然各具鲜明的特色：《遁窟谰言》主要抒发个人幽愤，其中出现了一些对西方世界的介绍，但涉及粤地风土人情的篇目更多，且占全书较大比例。《淞隐漫录》中介绍西方文明和涉及探索异域的内容颇多，品评风月的篇目也有所增多，不时流露出建功立业与自我放逐的矛盾纠结。《淞滨琐话》不同于《淞隐漫录》的“涉于人事为多”，把内容的重心转移至“灵狐黠鬼，花妖木魅，以逮鸟兽虫鱼”[①]，而谈论风月的篇目仍占一定比例，总体风格已趋颓唐。鲁迅《中国小说史略》提到王韬的志异小说创作时有如下评价：

> 迨长洲王韬作《遁窟谰言》（同治元年成）《淞隐漫录》（光绪初成）《淞滨琐话》（光绪十三年序）各十二卷，……，其笔致又纯为《聊斋》者流，一时传布颇广远，然所记载，则已狐鬼渐稀，而烟花粉黛之事盛矣。[②]

这一评价注意到了三部作品与《聊斋志异》的关联，以及“烟花粉黛之事”（即品鉴风月内容）在著作中比重的增加，对这种现象背后的作者心态则未做讨论。优伶妓女与不遇文人，都是社会上的边缘人物，王韬一生坎坷不得志，在写到这些底层人物时，也寄托了对自己生平遭际的感触。描述优伶妓女的不幸遭遇时，他在宣泄自己的郁郁不平

---

① 王韬：《自序》，载王韬《淞滨琐话》，刘文忠校点，齐鲁书社，2004，第2页。

② 鲁迅：《中国小说史略》，上海古籍出版社，1998，第154页。

之意；写下某些人物的圆满结局时，他又可以同人物一起体验幸福的感受；总之，写作“烟花粉黛之事”是经历坎坷的作者在文字创作中自我慰藉、自我疗伤的一种方式。

除了自我慰藉、自我疗伤，王韬在这三部著作中也有自我表露的一面。在一些篇目中，王韬直接以第一人称进行叙述，不过更多的是以“异史氏”、“天南遁叟”或“（淞北）玉魫生”（后两者都是王韬的号）的名义进入作品。后一种现象早已有之，在《红楼梦》中，曹雪芹就曾两次作为故事人物出现。王韬在这一手法上的新意，体现于《淞隐漫录》卷十的《十二花神》中。这篇作品是续接卷八《申江十美》而来，两者都是评鉴青楼女子的“花谱”。《十二花神》讲述淞北玉魫生在梦中被仙人召至涵碧宫，受命将十二花神（实则十二青楼女子）之名传至人间，醒后回忆所见之册中内容（即对妓女的介绍和品评）。在回忆的内容中，天南遁叟两次出现，一次是在品评妓女时引用其楹联，一次是作为故事中的人物，与其他人物对话。“淞北玉魫生”和“天南遁叟”在此篇中并无交流，因此这两个王韬的“分身”可能是为了把自我表露限制在一定的语境内，“淞北玉魫生”用于遇仙故事，而“天南遁叟”则属于文人狭邪故事的框架中，不至于造成两个不同结构的混淆和冲突。这种意图反映出王韬创作时的类型化思路，这种思路背后可能是作者的才思不逮，也可能是商业化创作造成的匆忙急躁。

虽然早已加入新教，还曾参与翻译《圣经》，但王韬在《遁窟谰言》《淞隐漫录》《淞滨琐话》中却几乎毫不宣传基督宗教信仰，其中只有一篇明显借鉴了基督宗教文化，那就是《淞滨琐话》卷五《乐园纪游》。这篇短篇小说记叙主人公安若素出海遇险，经道士指引，游历窘乡、愁城、乐园等地。动身回乡时，受赠贪囊、墨宝，无意中为人所得，遂使世间贪墨之风盛行。小说对乐园的描述，有借用《圣经》创世纪故事的痕迹。

始入一园，曰“乐园”，佳木葱茏，芳草绿缛，花卉纷繁，绮错绣交。中有一树曰“生命树”，为世人生命之根柢所托，始祖亚当夏娃曾居此园，逍遥自适，绝不知人世间有所谓生老病死离别悲痛者。自食果违命，遂驱之出，由此遂失乐园。乐园之外，有护法神曰计罗宾，以焰剑指挥，正当路之冲衢。如有进园者均不得入。生之能游此者，盖以奉王命故也。①

这段文字是以《旧约·创世纪》第二、第三章内容为基础改写而成，所谓“乐园”对应的是《圣经》中的伊甸园。不过作者又掺入了其他宗教的词：“护法神”本指佛教、道教等宗教中的护教神明，不见于基督宗教经典。在这段“乐园”的描写之后，又有一段写“妙台”的文字。“妙台”是两位仙姝的居所，二人“以清净身虔修入道，朝夕餐菊花以长生”，而且“讽诵《金经》”，生活方式同时具有佛教和道教的特征。颇有意味的是，“乐园”与“妙台”同属“乐国”。无论是使用其他宗教的语汇，还是将有基督宗教气息的“乐园”与带佛道神韵的“妙台”并置，都体现出了王韬有所变化的“三教合一”观念——和中国传统小说一样，小说中的三种宗教可以和平共存；与前人不同的是，这里的“三教”已不是儒、释、道，原来的“儒”被替换成“耶”，即基督宗教。这样的继承符合长期形成的中国通俗小说审美趣味和民间宗教观念，而变化的部分则体现了时代变化在思想领域的影响。

二　宗教气息浓厚的小说

清末民初，也出现了基督宗教气息比较浓厚的小说，在当时引起较大反响的作品首推陈春生（生卒年不详）与美国传教士亮乐月合力创

① 王韬：《乐园纪游》，载王韬《淞滨琐话》，刘文忠校点，齐鲁书社，2004，第100页。

作的《五更钟》。陈春生，江苏镇江人，1900年之前，曾在镇江与美国女传教士亮乐月（Laura M. White，1867 -?）合译《狱中花》《小英雄》《贫子奇缘》等小说。1902年，陈春生赴上海任《通问报》编辑。根据《中华基督教会年鉴》，1915年时，他属于镇江长老会，为江苏省联会书记、中华续行委办会（The China Continuation Committee）会员[①]。至少到1919年，仍为《通问报》工作。大约同年10月底至1922年9月，负责商务印书馆活动影片部的工作[②]。

陈春生著作有《五更钟》《东方伊朔》《匡庐游记》。1907年，《五更钟》单行本出版。在该书自序中，陈春生特别提到自己虽然为教会工作多年，但一直以教外人自居，直至开始编辑、讨论《五更钟》才有所感触，并于书稿即将完成时成为教徒：

> 予在教会，与西教士往来，已二十余年，其间作教习十余年，任《通问报》笔政今已五年，均自甘为门外汉。自编辑是书，讨论是书，大受感触，乃于是书将成之日，已遵礼皈依圣教。[③]

因此，在陈春生所作的小说中，本节仅讨论《五更钟》，而暂不分析初版于光绪三十二年（1906）的故事集《东方伊朔》。学者提到《五更钟》时，一般侧重于从外国传教士汉文小说创作的角度论述[④]；而从陈春生《〈五更钟〉再版自序》中看，这部小说的原创性和本土性似乎值得进一步探索：

> 壬寅之春，亮女士，又属予共译是书。原文乃俄罗斯人手笔，

① 参见林惠彬《晚清基督教汉文小说〈五更钟〉》，《澳门文献信息学刊》2011年第4期。

② 参见黄德泉《上海商务印书馆初创活动影片考》，《当代电影》2010第5期。

③ 陈春生：《〈五更钟〉再版自序》，载陈春生、亮乐月《五更钟》，美华书馆，清宣统元年印本。

④ 参见林惠彬《晚清基督教汉文小说〈五更钟〉》，《澳门文献信息学刊》2011年第4期；宋莉华《美以美会传教士亮乐月的小说创作与翻译》，《上海师范大学学报》（哲学社会科学版）2012年第3期。

不及是书十之二三。草稿甫毕，女士乃属予曰：先生编辑是书时，处处均须为华人立言，不得稍涉译稿（窝）【窠】臼。此译稿直视之为造屋之支架可，其间门窗如何位置，墙垣如何粉饰，则听君为之，慎勿为译稿所累也。未久，女士已归美国，予亦应吴板桥君之聘，至海上襄理《通问报》笔政。至甲辰，始将译稿重新编辑，芟除者十无一二，增润者十有七八，叙事辨理，专注重吾国之风俗人情学术三大端，而处处仍以《圣经》为基础，乃陆续附登《通问报》，至去岁乃毕。近来海内同志，函购此书者，颇不乏人，兹特将已登报之稿，重加点评，增损而润色之，以再版问世。是书之是否有益于社会，予不敢必，然予于此书，固已获益不浅。[①]

根据陈春生《〈五更钟〉再版自序》的描述，《五更钟》的成书过程大致如下：1902 年春，陈春生应亮乐月之邀合译一部俄罗斯作品，这就是《五更钟》的前身。1904 年，陈春生将原译稿加以增删，连载于《通问报》，至 1906 年连载结束。这部小说反响热烈，许多读者来函要求购书。随后陈春生对连载的小说再加修改。1907 年，《五更钟》的单行本问世。最初翻译时，原文内容占译文比重已不及“十之二三”；而后陈春生的几次编辑增改颇多，更使借鉴俄罗斯作品的部分在全书中比例大幅降低；从成书过程中可以看到，亮乐月提供了翻译的底本，并在写作上给予陈春生建议，而具体成文和编辑工作，则主要由陈春生完成。因此，将《五更钟》看作是陈春生和亮乐月合作完成的小说比较妥当，而且陈春生对这部作品的贡献，绝不亚于他的合作伙伴亮乐月。

作者中有中国人，并不是《五更钟》本土性的主要方面。小说的情节人物、语言风格和写作体例，都显示出典型的本土化倾向。《五更钟》讲述主人公林九如历经五次磨难，最后受到感召，信仰基督教的故事，

---

① 陈春生：《〈五更钟〉再版自序》，载陈春生、亮乐月《五更钟》，美华书馆，清宣统元年印本。

所有的情节都发生在中国，主要人物也都是中国人。小说采用白话与文言混合的语体写作，并大量使用中国古代通俗文艺形式中的套语，如“话说”“且说”“却说”“且听下回分解”等。体例上，它沿用了中国传统小说的章回体，正文前还有词提示作品主旨。加拿大传教士季理斐（D. Mac Gillivray，1862－1931）特别强调了《五更钟》的本土性：

> 我颇为乐见《五更钟》的问世：……因为它是由中国教徒撰写的。我们似乎已可预见这将是一部本土化的文学作品，比我们西方人的著作更适应中国人的欣赏口味。
>
> ……最终完成的小说，就像中国的《天路历程》，既没有外国的氛围，也没有对英语经典深加体味的论述。①

从陈春生自己的描述看，这部小说正是为“传道华人”所作，因此小说的本土化特征也是有意为之，以便令读者爱读易懂，实现更好的宣教效果，也为改良中国社会贡献一份力量：

> 自庚子以还，我国士夫，稍知小说之有功于社会也，爰云从水集，争译泰西各种小说，……然独于改良社会之小说，尚不多觏，岂非大憾事耶？庚子以前，予在镇江，已与亮乐月女士，共译《狱中花》、《小英雄》、《贫子奇缘》等小说，惜书中情节，多系托西国之人，言西国之事，于我国之风俗人情学术，均难道及，盖译人之书，限于词意，不得不尔也。②
>
> 一、是书原名《五次召》，盖书中寓有上帝五次召人回头之意，故名。惟此名用在中国，未免深晦，人不易明，故改为今名。盖五夜清钟，寓有警醒世俗之意，与原名虽微有不同，而意实一

① 〔加拿大〕季理斐：*An Appreciation of the Book*，载陈春生、亮乐月《五更钟》，美华书馆，清宣统元年印本。原文为英文，中文为笔者所译。

② 陈春生：《〈五更钟〉再版自序》，载陈春生，亮乐月《五更钟》，美华书馆，清宣统元年印本。

也。其浅显易明，较之原名多多矣。

……

一、是书专为传道于华人而作，故本书除引用《圣经》外，兼引中国经传，及诸子与俗语等甚伙，盖即以彼之矛刺彼之盾，使人易于领会也。

一、是书既专为传道于华人而作，故于华人一方面观察圣教之缺点，及訾议圣教之私论，均一一代为直达，毫无忌讳，然后再逐节纠正而沟通之，亦犹良医治病，先泻其积滞，而后进以补剂也。①

既然有以文字传道的创作意图，小说中就必然对其有所体现。《五更钟》多处引用、改写了《圣经》中的文字，这不仅给基督宗教的教义以“出场”机会，也对展开情节和塑造人物起到了辅助作用。此外，作者多次在书中插入评注，内容既有对小说人物的评论，也有对中国社会和在华基督宗教的评述。这种既做创作者，又做批评者的做法，体现了对文本的“控制欲”——采用多种手段来保证读者按作者希望的方式理解小说，实现理想的接受效果。这可能也和以“宣教者/先进者—听众”的关系来预设“作者—读者”关系有关。

虽然《五更钟》影响巨大，但在它问世前十几年，天主教的华人神父就发表了小说形式的宗教读物。光绪十六年（1890），李问渔的《答问录存》由徐汇铅印馆印行。在《答问录存》自序中，李问渔写道：

杕于教之真伪、道之源流，略知一二。特恨问者寡而难遂同善之心，爰设想陈渔山其人，与予相过访，首尾之月，讨论道学，日

① 陈春生：《〈五更钟〉大凡八则》，载陈春生，亮乐月《五更钟》，美华书馆，清宣统元年印本。

录之以存其稿。既竟，颜之曰答问录存，其实我自问而我自答也。我问之，俾不疑者亦疑。我答之，俾疑而欲问者，能解其惑。①

从这段话中可以总结出两点：第一，写作该书的目的是阐明教义并加以推广；第二，书中的情节、人物也是根据写作宗旨的需要虚构出来的。书中的“予”虽然与作者有重合之处，但并不能混为一谈。该书叙述了陈渔山“与予相过访”，“讨论道学”的一段经历，是叙事的文字，同时又有虚构性，因此也可用分析文学作品的方法进行考察。

《答问录存》采用了问答体形式，大部分篇幅都用于记述人物间的问答，通过简单的情节加以勾连。小说标题中除了“答问”，还有“录存”二字，似乎在突出小说的真实感。《答问录存》的故事和佛教小说、道教小说中的“得道”故事有几分相像，都叙述一个人如何逐渐了解、皈依宗教，实现自我提升的过程，但区别在于祛除了后者中的神异色彩，不渲染超自然的法力，也不将故事套入传统的“谪仙”或“因果报应”模式，陈渔山只是一个较有见识觉悟的“凡人”，他正式成为天主教徒后，小说便随之结束。

作为一部宣传天主教的著作，《答问录存》展示西方文明与天主教的好处显得顺理成章。早在明代，外来的耶稣会士就通过介绍西方的科技、器物来吸引人们的关注与好感；在清末写成的《答问录存》里，同为耶稣会士的李问渔也从不同侧面展示了西方的风物、科技与制度，如下面这段对宴席的描写：

厅中度长桌，覆以布单，洁白如雪。四周设九座，座前各置玻璃杯五只，白布一，钢刀一，银叉一，银勺二，磁盆大小各一。桌中陈鲜花如干，洋酒凡八种，果品茶食三十有奇。石山就首座，右陈君，左二西人，其余依次而坐。石山谓陈子曰：“君莫怪。予今

① 李问渔：《序》，载李问渔《答问录存》，土山湾印书馆，清宣统元年印本。

> 日行西礼，地主之位，当在此。”陈君笑曰：“以华人行西礼，足当新闻矣。”继而佣人进食，初鸡汤，次火腿，置香草中，次牛舌。次鸡鸭鹅鸽雉兔羔羊，皆全身，惟鹿豚豕脑已割。每食一馔，必易洁盆。佣人酌酒十数巡，卒进气酒，一去瓶塞，发声如爆竹，陈君惊焉。……食毕，饮咖啡茶，纯黑如墨。①

这段描写中新奇的不只是食物与饮料，还有礼仪。除此之外，有关世界上各人种外貌特征的知识也出现在书中。对西方科技成果的展示则涉及多个方面。作者没有停留在对西方世界的一般介绍上，而是在此基础上融入对天主教的进一步宣传。初回上海，“予”与陈渔山等人“间时乘车偕游，遍览诸胜”，游览的去处也包括天主教会参与创办的教堂、天文台、博物馆、儿童福利院、学校等。这些机构令见多识广的陈渔山也“称羡不置”。藏书楼虽然不是西来的新事物，但丰富的藏书（特别是“西籍”）足以让当时的读者印象深刻。值得注意的是，藏书楼内中西书籍数量大致相当，作者似乎想借此传达这样的讯息：教会虽然带来了西方文化，但非常尊重中国的传统文化，无意于且不会对后者造成威胁。另一段对法国露德“灵泉”的介绍，则更直接地点出了信教的重要性：

> 露德，法国西南丛山也。童君曾至其地，见山中有教堂一，内供圣母像。圣母乃耶稣母也。峨侧有洞，洞下有灵泉一，清水恒流，积于池内。病者入池浴盥，祷于圣母，不药而痊。尝见一人跛，一人瞽，浴于池，哀号圣母，不旋踵而跛者疾行，瞽者双目炯炯，明察秋毫矣。陈君闻言诧异，问：“斯言信乎?”予曰：“然。前年予患重症，得彼池之水，饮之病渐瘳。按法国日报病人浴于池而愈者，岁以百计，若信心未固，祈祷未诚，则虽浴仍如未浴，是

① 李问渔：《答问录存》，土山湾印书馆，清宣统元年印本。

水之灵又贵心之诚也。”①

以文学鉴赏的眼光来看，《答问录存》把过多的笔墨放在人物的对话以及其中的说理上，忽视了情节安排和人物刻画，因而比较枯燥；内容衔接也不够顺畅。其文学性与《五更钟》相比还有一定的差距，但与在它问世前出版的天主教宗教读物相比，则有明显的提升。光绪七年（1881），上海慈母堂刊刻了采用白话体的《答客刍言》。第二年，文言写成的《客问条答》由土山湾印书馆印行。前者由沈则宽（生卒年不详）翻译，后者则出自李问渔的译笔，两者都译自当时天主教江南代牧区主教、法国耶稣会士倪怀纶（Valentin Garnier，1825－1898）新编的问答体宗教读物。沈则宽，字容斋，与李问渔同是晚清时的中国籍耶稣会士。与这两本译作比较，《答问录存》和《客问条答》一样采用了文言，且引经据典的情形更甚，而在设置情境、人物，于叙事中串联、展开问答的方面，又有《答客刍言》的影子。不过《答问录存》的表达方式更为丰富，这不仅体现在说理方式的多样化，而且显现于“闲笔”（与问答内容并不紧密相连，也不交代问答背景）比重的提高和种类的增加，特别是新加入的谐谑内容。此外，以《客问条答》为参照，会看到从《答客刍言》到《答问录存》，故事中的空间流动性逐渐增强，时间跨度逐渐拉大。《答问录存》在一开始介绍陈渔山时，就强调他一生起伏坎坷，用传统的方法（“读黄老书”）仍无法排解心中的郁结。在这种背景下，书中记叙的这段旅行，也是他一场追求解脱精神困境的旅行。回乡后他正式入教，从而身心都找到了归宿，也回到了本原。这样的故事与《圣经》中的一系列故事有内在的呼应——处于困境的人类经历漫长艰苦的跋涉之后，终于找到自己的出路——也可以说，《答问录存》中的旅行，渗透了基督宗教思想中“困境与解脱”的主题。

① 李问渔：《答问录存》，土山湾印书馆，清宣统元年印本。

不管是在《答客刍言》还是在《答问录存》中，主角们都是偶遇，并且不像传统的佛教小说或道教小说一样，以“谪仙”或“因果”模式来解释。这种符合日常现实的偶然性或许也可以如此理解：作者深深相信，仁慈而公义的上帝掌管着人类的生活，他对人类的爱无所不在，也是人类无法一一知晓的。需要提到的是，无论是从增强真实感还是从展开内容的需要上看，更强的空间流动性与更大的时间跨度都是相辅相成、颇有必要的。这些特征与作品向叙事文学的靠拢不无关系。

通过比较可以看出，在《答问录存》中，李问渔延续了自己和华人同事们的努力，尝试用多种方式将抽象的教义化为具体的形象，辅以浅显活泼的语言、曲折有趣的情节设置、生动传神的写人状物，使作品更符合读者的口味。这一过程指向了对文学性的追求，而最终目标是实现宗教文化的本土化，获得更好的宣传效果。尽管由于不能完全抛开宗教读物的惯有限制，插入大量说理，使作品的文学性受到削弱，但中国籍耶稣会士们仍然努力地“见缝插针”，用形式上的经营加以弥补，内容上也开始少量地点缀“闲笔”，使作品更加接近于中国传统的通俗文学，以期获得更广泛的接受。

三 融入基督宗教元素的寓言

此外，在报刊上也零散刊登了一些由中国江南基督宗教文人创作的寓言。1877 年，《万国公报》刊登华人牧师黄品三（1823 - 1890）的寓言《近譬》和《同气相求喻》。黄品三，又名黄鑫，江苏南汇人。年轻时信奉道教，后任教于美国传教士高第丕（Tarleton Perry Crawford, 1821 - 1902）夫人创办的学校，并被聘为高第丕夫人的中文老师，逐渐转信基督教，并于 1855 年受洗。1863 年，被按立为执事。1870 年，被正式按立为牧师。《近譬》讲述能言鸟在公冶短的启发下，抛弃旧套，成就大器；《同气相求喻》则写祁繁、祁简兄弟同向父亲求告，前者受冷遇而后者得宠爱，祁繁受长兄指点，方知应摒弃浮词。这些作品体现出黄品三创作寓言的两个特征：一是游戏文字，轻松诙谐的写作风格；二是将宗教与文学结合的写作思路。

刊登在《万国公报》的《近譬》署“上海黄品三戏笔”，“戏笔”包含的诙谐意味从人物命名就可见一斑：作为主人公之一的公冶短，与传说中通鸟语的公冶长同姓，而且也能听懂鸟语，名字却正好是“长”的反义词。能言鸟应公冶短的请求开口说话，所说的话是：“公冶长，公冶长，南山有只虎驼羊。尔食肉，我食肠。”[①] 这句话和明代白话小说《七十二朝人物演义》大致相同，语言通俗化、口语化，嵌在以浅近文言写成的寓言中，显得活泼风趣。此处的人名和鸟语，都是作者运用了戏仿手法的结果。所谓戏仿（parody）又称拟仿，这种手法通过借鉴已有作品并加以改造，产生某种不协调，从而实现一定的表达效果。在《近譬》中，戏仿手法使作品充满滑稽诙谐的风味。《同气相求喻》中的人物命名则运用了谐音，“祁”字谐音“祈祷”之“祈”，正好对应二人向父亲求告时语言的繁简程度。这个小小的文字游戏带有轻微的调侃意味，也在一开始介绍人物时就提示读者注意寓言的关键词。

表面上《同气相求喻》讲述了一个家庭的故事，而在这个家庭的人物关系中却不难辨别出基督教的神人关系：所谓“父”对应的就是上帝，他创造了整个世界，是所有人类的父亲；祁繁、祁简代表倚赖上帝的人类；而寓言中的“长兄”则对应耶稣，他既是上帝的儿子，也是人类的儿子，出类拔萃，最受上帝的宠爱。祁繁、祁简对父亲的求告之辞，看作基督教的祈祷文也未尝不可，一年多前《万国公报》曾刊登的《祷告文式》在立意、结构上就与祁繁对父亲说的话十分相似。如此看来，“长兄”对祁繁的一番教训实际上反映了寓言作者对祷告的看法：

---

① 黄品三：《近譬》，《万国公报》1877 年第 449 期。

凡有所求宜直告，而勿用赘语如异族然。夫至亲莫如父子，安可渎以浮词？试观四方万国，父子之间有若是虚文乎？宜其厌恶而不应也。且父富有天下，求之者众，尔乃长言赘语，亦顾在旁之久立而待者乎？尔若效弟之率真，则同气相求，同声相应，随愿而应矣。[①]

故事最后，祁繁领悟了向父亲求告的要义，于是改名为“居敬”：

繁初犹犹豫未决，后见一税吏求其父，不用琐语而反称之为义，遂豁然大悟，因改其名曰“居敬”。[②]

这是作者设置的又一提示——如何向上帝祷告，是关乎是否虔敬上帝的大事，祷告语言必须朴实率真，不能溺于浮词。黄品三在《同气相求喻》中融入了基督宗教的教义和他对日常宗教生活的看法，这则寓言也成为近代中国基督宗教文人将文学与宗教结合的又一例子。

① 黄品三：《同气相求喻》，《万国公报》1877 年第 452 期。

② 黄品三：《同气相求喻》，《万国公报》1877 年第 452 期。

第三章

近代中国江南基督宗教文人的文学观念

不管是文学翻译还是文学创作，背后都有一定的文学观念支撑。“显性”的文学观念，一般见诸较为系统抽象的理论表述，或是包含在对作家、作品的批评里。“隐性”的文学观念则不是那么容易把握，有时栖身于文集编选与报刊编辑的原则方针。近代中国江南基督宗教文人的文学观念同样呈现出将基督宗教文化与中国传统文化结合的倾向。此外，这一群体的许多成员敏锐地觉察到了社会环境的变化，并在文学观念上迅速灵活地进行应对。

第一节　翻译理论与翻译批评

一　马氏兄弟的翻译观

近代文学的一大特色，在于中外思想文化的碰撞冲突与融合转换，因此要介绍近代的文学理论，也不能跳过有关翻译的探讨。在近代中国，相较大多数传统文人，信仰基督宗教的文人与外国文明有更多接触，在翻译的意义、翻译技巧等方面的观念也往往走在时代的前沿。首先需要介绍的是马建忠（1845－1900）的翻译论。马建忠，字眉叔，江苏丹徒（今镇江）人，马相伯之弟。太平军进军江南时，随家徙居上海，后入圣依纳爵公学。1874年前后退出耶稣会，入李鸿章幕府。光绪三年（1877），由李鸿章保举，随船政学堂学生赴欧留学并兼任驻法公使翻译。1880年，回国后协办洋务。马建忠主要著作有《适可斋记言记行》和《马氏文通》（与马相伯合撰）。马建忠在离开耶稣会之前已经是一名修士，按照规定，他在离会还俗之后还可以保持天主教信仰。同样信仰天主教，且与马相伯交往密切的英敛之在《与某公论金正希奉教事》中写道：

> 读《李合肥全集》，有人奏参□□□（按即马建忠）系天主教人，万不可用。李为之复奏云，□□□非天主教云云。系天主教，非天主教，即以定人之邪正及可用与否，一何可笑！后世之人倘读此疏，但以此为证，又安知□公晚年悔改之景况乎？[①]

这里的"晚年悔改"或许就是指马建忠后来又向天主教靠拢。在马建忠有关翻译的文字中，最值得注意的是"善译"论：

> 夫译之为事难矣，译之将奈何？其平日冥心钩考，必先将所译者与所以译者两国之文字，深嗜笃好，字栉句比，以考彼此文字孳生之源，同异之故，所有相当之实义，委曲推究，务审其音声之高下，析其字句之繁简，尽其文体之变态，及其义理精深奥折之所由然。夫如是，则一书到手，经营反覆，确知其意旨之所在，而又摹写其神情，仿佛其语气，然后心悟神解，振笔而书，译成之文，适如其所译而止，而曾无毫发出入于其间。夫而后，能使阅者所得之益，与观原文无异，是则为善译也已。[②]

---

① 英敛之：《与某公论金正希奉教事》，载方豪《中国天主教史人物传（清代篇）》，明文书局，1985，第304页。

② 马建忠：《拟设翻译书院议》，载《续修四库全书》编纂委员会编《续修四库全书》1565卷，上海古籍出版社，2002，第54页。

这段有关翻译的议论，内涵十分丰富。“夫译之为事难矣”在强调翻译工作要求之高的同时，也提高了翻译者的地位——后者从事的工作难度很大，远非古代“舌人”的称谓所能概括。随后探讨的内容，从论述方法上看有对比语言学的意味，从内容上看涵盖了语言学的多个分支。有学者指出：

> 马建忠的“善译”理论采用了对比语言学（contrastive linguistics）的方法，对源语与译语在诸个语言层面上进行对比分析，这在文章的开端便交代得清清楚楚，“其平日冥心钩考，必先将所译者与所以译者两国之文字（即源语与译语），深嗜笃好，字栉句比（即对比研究）”。而在对比分析的过程中便直接或间接地涉及了语言学和现代语言学的众多分支学科，依据原文的论述，可以大致将其整理转化为如下语言学分支的论题：
>
> 音系学：“审其音声之高下”；句法学：“字栉句比”，“析字句之繁简”；语义学：“……所有相当之实义，委曲推究……”，“务审……其义理精深奥折之所由然”；词源学：“考彼此文字孳生之源，同异之故”；文体学：“尽其文体之变态”。[①]

马建忠很早就在圣依纳爵公学接受教育，后又留法深造，不仅培养了很强的语言能力，而且积累了许多在不同语言环境中转换的经历，因此注意到对比分析源语言和目标语言对于翻译的重要性。从语言文字本身的特点出发，条分缕析地探讨翻译技术，已经不仅是笼统地求“信”求“达”，或者追求某种语言风格，而且是反映了一种蕴含西方语言学视角、具有新思路的翻译观。这段话的最后，马建忠提出了“善译”的评判标准：“能使阅者所得之益，与观原文无异。”将读者的接受情

---

① 王洪涛：《中国传统译论基本理念的嬗变与衍化——马建忠“善译”理论之现代诠释》，《外语学刊》2005 年第 1 期。

况纳入考核翻译的标准，这与引入接受美学的现代西方译论有共通之处；更有意义的是，这对中国传统翻译理论体系是一个很好的补充。在翻译活动的整个流程中，读者同样具有主动性，他们的阅读反应是影响翻译活动的关键因素。中国传统译论关注的重心主要在文本转换，“译者”“作者”也有提及，而对读者的讨论则较为薄弱；马建忠的“善译”标准提示人们，读者接受是译论研究中不应忽视的重要领域，从而在传统路径之外又指出了一条新的研究方向。虽然这种重视读者的意识较为模糊，表述也比较简略，但是在晚清时期，这仍然是富有启发意义的论述。“善译”论出自《拟设翻译书院议》，这篇文章还有三点值得注意：一是要求译者在语言层面上华洋兼善，不可偏废；二是在外国语言文字中，特别尊崇拉丁文的地位；三是大力倡导开设学校，系统培养翻译人才。

> 盖辣丁乃欧州语言文字之祖，不知辣丁文字，犹汉文之昧于小学而字义未能尽通，故英、法通儒日课辣丁古文词，转译为本国之文者此也。①

《拟设翻译书院议》问世于光绪二十年（1894）冬，比梁启超的《论译书》（光绪二十三年，1897）还要早，后者明显受其影响，仅直接摘录就有两处。因此，该文在中国翻译研究史上理应占有一席之地，将它与马相伯有关翻译的言论比较，我们可以发现这两兄弟的翻译观颇为相似。

首先，重视不同语言的辨别会通，特别强调拉丁文的地位。在为“以广延通儒、培成译才为宗旨”的震旦学院拟定章程时，马相伯指出：“拉丁为读任何国文（指英法德意）之阶梯，议定急就办法，限二

---

① 马建忠：《拟设翻译书院议》，载《续修四库全书》编纂委员会编《续修四库全书》1565卷，第54页。

年毕业，首年读拉丁文，次年读何国文，以能译拉丁及任一国之种种文学书为度。”[①] 他还特别撰写《拉丁文通》，目的仍然在于实现语言间的交流沟通，进而达到文化间的交流对话：

> 当季氏[②]游学雅典时，年已二十有七矣，卒能用拉丁文字鼓铸欧、亚、斐三洲之文明，以光荣其祖国。三五同胞，不远千里，不诿年齿，同力合作，借拉丁文以沟通泰西学术之源流，孰谓季宰六为不可企及者？文化之发皇也，不于其茁芽之地，而于其移殖之地。异日者，必有炉锤东西两大帝国之文章政治，成一家言，以金碧辉煌我国土者。此编其胚浑也夫！[③]

其次，强调翻译者要同时具备较高的中学和西学素养。比起兄弟的“善译”论，马相伯更进一步，倡导在中国文化传统中寻求翻译语言，特别是为外来的概念、名词定名时，更倾向于使用合乎中国传统文化和语言表达方式的译名，而非简单音译。他在这方面的论述，常见于对科学翻译或宗教翻译的讨论：

> 新词有关于哲学、数理、政治、理化、星躔、地堧、矿石、动植、重力、机械等，有旧有者，旧译者。其旧译者，以晋唐所译梵书为最古，次则明季与清初，又次则日本维新之始译者，汉文尚审正不讹。其后译者，未免杂以和文矣。
>
> ……
>
> 理化学之 Agent 原行，与 Element 原质，及 Monade 太素，三者命意不同。凡原质之名，名以寻获者之名者，不如以别于其他之特点为名矣。旧译取音，音既不谐字，又生造，不如径用西文为愈。

① 马相伯：《震旦学院章程》，载朱维铮主编《马相伯集》，第 41 页。

② 即季宰六（今通译为西塞罗）。

③ 马相伯：《〈拉丁文通〉叙言》，载朱维铮主编《马相伯集》，第 45～46 页。

数理学用西文字母既通行矣，何以独原质而不用也？且世界语亦用之，名片又多用之。车站站名无不用之，独于原质反是。斯真不可解者矣！[①]

以上引文的第一段把日本维新时期翻译的新词一分为二，马相伯对于汉文使用还算正确纯粹的“始译者”还可以接受，而对于掺杂日文的“后译者”就流露出失望与批评之意，显然十分在意译文是否能够融入中国本土的语言文化。后文中，马相伯有关名词翻译的意见更加明晰：译名应充分体现其对应者的特色，如果采用音译，那么可以采取谐字的方法，至少也要使用已经存在的汉字而非生造，否则还不如直接使用西文原文。在音译与意译间，马相伯无疑倾向于后者，其翻译策略是归化而非异化。

马相伯在《重刊〈辩学遗牍〉跋》中对利玛窦的文字事业特加赞扬：

至西泰子利玛窦氏，乃有元十字教中绝后东来第一人，即万历戊戌会魁李之藻所称经目能逆顺诵，而又居恒手不释卷者也。其于万历二十八年亦奏称于凡经籍，亦能诵记，初识其旨。今观此及前所著《天主实义》原名《天学实义》、《畸人十篇》等，必其于诸子百家亦颇能诵记。不然，以一九译远人，乌能理文并茂乃尔？[②]

利玛窦所作的宗教读物，都是将西方思想文化与中国语言文字结合的产物。马相伯认为利玛窦对中国文化涉猎颇广，并以此来解释其作品的“理文并茂”。可见在他心中，在将外国作品译为中文时，优秀的翻译者一定要对中国传统文化有所了解，能从容出入于两种文化之间，这

① 马相伯：《函夏考文苑议》，载朱维铮主编《马相伯集》，第 127 页。

② 马相伯：《重刊〈辩学遗牍〉跋》，载朱维铮主编《马相伯集》，第 176 页。标点略作改动。

种对中国传统文化的重视比马建忠的论述更为具体，也更为突出。马建忠曾在《拟设翻译书院议》中称赞明末以后耶稣会士的翻译“文理无间”，马相伯也非常推崇明清间中国天主教的宗教翻译，如：

> 顾信崇必由听受，宗徒保禄之言也。而听受必藉方言，又自然之理也。……唐之景教碑邻于梵译；元之镇江十字寺碑，羼以音译；远不如利子近译，戛戛独造，粹然一本于古书，文质彬彬，义理周洽，沾丐后人，于今为烈，盖不独首开天主教为足多也已。但愿教中译经者，先读古译经言，译圣书者，先读古译圣书；书虽不一，要以利子洎同会逮清初所著为最盛，亦最可观。[①]

“听受必藉方言，又自然之理也”，反映出马相伯的宗教本土化倾向。带着这种倾向，他认为理想的宗教翻译应该符合本土文化传统，适应本国人的接受习惯。在“理文并茂”的含义之外，所谓“戛戛独造，粹然一本于古书，文质彬彬，义理周洽”还反映出马相伯对翻译者在翻译活动中主动性的体认。

再次，和马建忠一样，马相伯也注意到读者接受对于翻译的意义。他对李之藻翻译成果的褒扬，与“善译”论中的“能使阅者所得之益，与观原文无异”十分相似：

> 其所译《寰有诠》、《名理探》……至艰深，而措辞之妙，往往令读者忘其为译文，非博极群书，曷克臻此？[②]

不过涉及读者接受的讨论，往往是出于促进宣教事业的动机。李之藻是明末中国天主教“三柱石”之一，他翻译的著作虽然未必为宗教读物，不过以译介西学来吸引中国士大夫，正是当时天主教的重要传教

---

① 马相伯：《书〈利先生行迹〉后》，载朱维铮主编《马相伯集》，第223页。
② 马相伯：《明〈李之藻传〉序》，载朱维铮主编《马相伯集》，第349页。

策略。马相伯类似的言论还有：

> 《言善录》之初出也，海内君子，以为能以华言言教理。故不胫而走，未几初版告罄。比国雷教士以为经既言“信德由耳闻”，闻必由言，在华言华，此通例也。析辞擅作，是不华言也，恶望其声入心通？华言则虽诵诗书，村妪必加敬，此华与不华之别矣。不独在华然，在他国亦然。①

在上面这段议论里，作者一再强调“在华言华”的合理性和必要性，其出发点仍然是为了实现天主教教理在中国的深入人心。一种外来宗教在中国的传播，一定会涉及宗教典籍和宗教读物的翻译，而翻译的得失也会影响宗教的传播效果，因此宗教典籍和宗教读物的翻译经常成为基督宗教信仰者，特别是有一定文字鉴赏能力的基督宗教文人所关注的话题。这种现象不仅发生在天主教中，在新教文人的文字中也时有所见，一个例子就是关于《圣经》翻译的讨论。

二　周国光的《圣经》翻译论

1868 年，《教会新报》上刊登了周国光的《论翻译圣书》（题目中的“圣书”指《圣经》）。从《教会新报》上发表的来信和文章推断，周国光是宁波的一名新教教徒。在周国光写作《论翻译圣书》时，由新教传教士翻译的《圣经》全本已经至少出版了五种：拉萨（Johannes Lassar）和马希曼（Joshua Marshman）的《圣经》（1822②）；马礼逊（Robert Morrison）和米怜（William Milne）的《神天圣书》（1823）；麦都思（Walter Henry Medhurst）和郭实腊（Karl Gutzlaff）的《新遗诏圣

---

① 马相伯：《〈言善录〉再版序》，载朱维铮主编《马相伯集》，第 309 页。

② 指出版年份。下同。

书》和《旧遗诏圣书》（1838）；“委办本”《新约全书》和《旧约全书》（1854）以及裨治文（Elijah Coleman Bridgman）与克陛存（Michael Simpson Culbertson）的《新约全书》与《旧约全书》（1863）。这五种译本全部是“深文理”译本，即使用中国传统文言翻译的译本。当时虽已出现官话译本和方言译本，但都是节译；“浅文理”译本（即半文半白，语言比“深文理”更加通俗的译本）则尚未出现。[①] 周国光的这篇论文正是针对当时《圣经》在中国的翻译状况有感而发。

文章从对墨海书馆所印《圣经》译本的评论出发，阐述自己有关《圣经》中译的观点。该文提到《圣经》时总是《新约》《旧约》并提，且提到墨海书馆所印《圣经》译本“近来”更换标点，因此从内容和时间上考虑，所讨论的译本应指王韬父子参与翻译的“委办本”。在众多《圣经》译本中，周国光对这一译本最为赞许：

> 然而吾耶稣圣教，于道光年间复行于中华，历来所翻《新》、《旧约》二书，不知其几千万卷，……但由愚观之，其文义句读，脉络贯通，总不如墨海书馆所印。近来将此书更换句读，察其意，恐是与本文无少差别，以为真神之言，不敢增损半语，此实有心于真教道理，而怀忠抱悫之心，暗然可见矣。[②]

文中的“真神”指上帝耶和华。在周国光看来，这个译本特别值得称道之处，在于文字流畅、内容连贯，重印时改动标点显示的忠实、严谨态度也值得赞扬。不过，他紧接着提出，即便在这样的翻译中仍“有妨碍者在”，因为各国各地“其言语文义，各有不同”。对此他的解决方案是让《圣经》译本尽量适应本土语言的表达特点，即所谓“圣书改照本文附合”，并进一步加以解释阐发。

---

① 详见赵晓阳《基督教〈圣经〉的汉译历史》，《维真学刊》（加拿大）2003 年第 2 期。
② 周国光：《论翻译圣书》，《教会新报》1868 年第 13 期。

> 愚意以真神圣书不贵于倒顺反正之处，要惟辞达而已矣。夫各国文义言语，皆真神使然，是文义土语皆关乎各国之风俗也。所谓文义者何？文与义不一致也。义为本，文为末。义者，则真神之旨意。文者，即外貌之装饰。文可以易，而义断不可易。当时作圣书者，恐是犹太之人居多，其文理关乎犹太之风土。今在中华翻译圣书，其文法皆照各国风土，则文义句读，大相径庭。每有学问者读之，依然模糊，则曰："此非吾中国文理，实是外国文理耳。"今以他国文理，杂以中国文理处，犹如以番语传于中华之不识番语者，无怪听之懵然无绪。况中华之文理，每句以文搧连，然后即成一句土语，盖有一定不易之用。今看照本文所译之圣书，有不当搧连而搧连之矣。噫！兼之中华人以文理从事，偶见有无文之书，则亦不禁痛心蹙额。愚意文理易之，似乎不妙，若易之以中华各处土语，庶几其稍可也。[①]

"辞达而已矣"语出《论语·卫灵公》，是中国儒家文学观的经典表述之一。作者还提出了一对概念："文"与"义"。基督教徒眼中的"真神之旨意"（"义"），与儒家学者眼中的"道"，同样分别享有至高无上的地位。至于"义为本，文为末""文可以易，而义断不可易"，则进一步显示出与中国传统文论的密切关联："质胜文则野，文胜质则史，文质彬彬，然后君子"（《论语·雍也》）、"道沿圣以垂文，圣因文而明道"（《文心雕龙·原道》）和"文所以载道也"（《通书·文辞》）等经典表述，都可以用来概括此处的"文义之辩"，只不过"质"或"道"的含义在此已经发生了转换。此外，文章从不同角度论述译书使用本土语言的合理性：从基督教教义来看，各种语言文字都是上帝所造，因此其存在必有意义。从《圣经》的成书过程看，最初的写作者

---

① 周国光：《论翻译圣书》，《教会新报》1868年第13期。

们大多是犹太人，他们的文字也“关乎犹太之风土”，并在后世一直受到尊崇。从《圣经》已有的中文译本来看，偏离中国原有的语言表达习惯，给中国读者的阅读理解造成了困难，这对传教事业自然也是不利的。因此，从义理、历史与现实考察之后，周国光表达了自己的意见：“愚意文理易之，似乎不妙，若易之以中华各处土语，庶几其稍可也。”这种观点与马相伯“在华言华”的观点一样，都是中国基督宗教信仰者宗教本土化观念的反映。

第二节　有关汉语文学的理论与批评

一　文学的地位与批评标准

近代江南基督宗教文人对汉语文学的看法和批评，有中国文学批评传统的熏陶，同时又因其自身经历的影响，显现出一些与众不同的特色。有的论述涉及了文学的地位问题，表现出积极的态度，不过其思路仍忠实于中国传统文论，所论述的文学是范围较广的“杂文学”而非“纯文学”，因此文学的意义也更多地与道德教化及现实功用联系起来：

> 然则人所作最大之业。果何在乎？曰惟文辞而已矣。溯自文象立而结绳移，鸟迹明而书契作，迄今数千百年间，道统昭垂，教化流行，治术沿革，故实留存，无一不寄于文字。故文辞者，缆八方，悬千古，系万事万理之一大纲维也。人心之所得。孰有大于斯哉？[①]

也有人明确肯定文学的地位，并且指出文学与其他艺术门类的区别，例如马相伯的论述：

① 李问渔：《序》，载李问渔编《古文拾级》，土山湾印书馆，1922 年印本。

> 人第知音乐之洋洋，可以淑吾性，陶吾情，而不知绘事之功，远胜于音乐。音乐过耳不留，而绘事则否。人有真山水而不愿一往，见山水画而购以多金者，设令无以动其情，与购画饼充饥者何异？……此美术之美，不独以轻重疾徐者写其声，曰在山在水而已；不独以阴阳向背者写其影，曰范山范水而已；必于牝牡骊黄之外，宫商角徵之余，有以妙夺天工者在。诸君试思乐仅借耳，已如彼，画仅借目，又如此，而况文字固双借也乎！故法国称文艺曰佩莱勒脱，亦黄绢幼妇，绝妙好词意也。然其为美也，术也，非以双借，正以双不借。双不借，故能人环中，超象外，不根于耳而有声，不根于目而有色。非如声与色之为美，美囿于物，似显非显，第能媚形我，不能媚神我，第能媚血性，不能媚德性。德性之胜血性，神我之胜形我，不啻九万里之风斯在下也。则又文艺之胜其他美术，亦犹是矣！或曰：不然，乐与画，有耳有目，有同赏焉，文艺非知者不知感，恶乎胜？而吾则以为不知则不感，可见所感惟在灵知，不灵不知，感以声色，吾闻禽兽率舞矣，讵得谓禽兽为优胜乎？然则文艺之胜其他美术，亦犹灵知于禽兽矣。禽兽能哭不能笑，笑故为人所独能，而文艺则不唯人所独能，又唯人中之最灵明者始能之。……人谓文人之笔，想入非非，吾谓文笔之奇，超神入妙。以非非之色，写非非之情；以非非之声，写非非之意。无色也，而五彩无此鲜明；无声也，而五音无此发皇。①

作者层层铺垫，从音乐之效用、绘事（绘画）之效用过渡到文字之效用，指出文字是既“借耳”又“借目”的“双借”，既能表现听觉感受，又能表现视觉感受。但是文字具有美感和技巧，却在于“双不借”，即不以照实描绘为最终目标。从文中所述“双不借”能够实现的

① 马相伯：《北京法国文术研究会开幕词》，载朱维铮主编《马相伯集》，第139～140页。

效果，可见马相伯认为文学的力量，关键在于调动读者的想象，使他们在感受具体形象后得到更深层的触动，而这种过程不受限于具体事物。他批评“声与色之为美”“第能媚形我，不能媚神我，第能媚血性，不能媚德性”，又说“德性之胜血性，神我之胜形我，不啻九万里之风斯在下也”，一方面从反面论证了“双不借”能媚“神我”“德性”的突出优点，另一方面也反映出西方哲学对他的影响。此处对“形我”“神我”和“血性”“德性”的区分和评价，与政论文《政党之必要及其责任》中对“形我”“神我”的二元划分是一脉相承的。后面的自问自答中使用《乐记》中“禽兽率舞”的典故，自然过渡到“人兽之辩”这一天主教早已反复阐发的命题；这一命题涉及“觉魂”与“灵魂”的差异及高下问题，在此又被用于论证“文艺之胜其他美术”。他认为文学“以非非之色，写非非之情；以非非之声，写非非之意”，与前文对“声与色之为美”的批评相联系，这实际上触及了文学的“虚实”问题。在这段论证“文艺”（即文学）为众美术之冠的文字中，不仅体现了马相伯对文学的重视，而且反映出他对文学虚构性的认识。

在文学批评标准方面，近代江南基督宗教文人宏观的议论很少，论述往往针对特定的文体或作品。宏观的议论，有马相伯的“九须三要”说：

> 凡文家所重为文之道，曰：文须明白透彻，文须清真雅驯，文须精确了当，文须简要畅达，文须天机活泼，文须庄重矜严，文须适如其事，文须层出不穷，文须抑扬顿挫，音节相宜。总此九须，益以三要：一要义理透发，推陈出新，非从事致知格物不可；二要层次分明，先后相属，非谙练原言原名不可；三要文字妥贴，风雅宜人，非多读大家著作不可；……①

① 马相伯：《北京法国文术研究会开幕词》，载朱维铮主编《马相伯集》，第140页。

这段文字涵盖了内容、结构、用词、音律、文风等不同侧面，对“从事致知格物”“谙练原言原名”“多读大家著作”的强调，都显现出精英主义倾向：了解西方科学，熟知各种概念学说，又多读名家著述、学习其文章之美——能做到这三点的人，正是当时社会期待的精英人物。同时，这段“为文之道”偏重于阐发文学的社会功用，对文学的非功利性认识不足，这与当时维新派所倡导的文学标准也相互呼应。

二　诗歌批评

在诗歌批评领域中，一个主要的倾向是强调情感真挚，反对因循模仿，徒事文藻。在年轻时所撰的《蘅华馆诗录自序》里，王韬就提出如下观点。

> 余不能诗，而诗亦不尽与古合。正惟不与古合，而我之性情乃足以自见。……然窃见今之所为诗人矣，撦挦以为富，刻画以为工，宗唐祧宋以为高，摹杜范韩以为能；而于己之性情无有也，是则虽多奚为？……时代既殊，人才亦变。……然自有所为我之诗者，足以写怀抱，言阅历，平生须眉，显显如在，同此风云月露，草木山川，而有一己之神明入乎其中，则自异矣。
>
> ……窃尝谓所贵乎诗者，与苟同，宁立异，必自浅之深，由粗而精。历观古人作，亦有不尽佳，要其研精殚力，积数年十年而后成，自有一家面目在，夫岂徒以绨章饰句为事哉。性情之用真，而学问亦寓乎其中，然后始可与言诗矣。①

到了同治元年（1862）为好友蒋敦复（一字剑人）的《啸古堂诗

① 王韬：《蘅华馆诗录自序》，载《续修四库全书》编纂委员会编《续修四库全书》1558卷，第426页。

集》作序时，王韬在对友人诗作的批评中再次表现出对吟咏真我的推崇。

> 君诗前四卷为友人醵资助刊，早经问世，骨采高雄，华实并茂，于绮丽隽逸中，时有清刚之气。所微嫌者，乐府拟古之作居其半，而自见真性情、真面目处反少。①
>
> 剑人后四卷诗，为咸丰乙卯年所刊，……其诗慷慨激昂，沉雄郁勃，有把杯问天，拔剑斫地之概。至其感怀时事，悲悯天人，抒愤言愁，长歌当哭，杜陵诗史，夫何愧焉。每读一过，辄浮一大白。②

王韬对《啸古堂诗集》后四卷的评价高于前四卷，关键在于它更好地表现了诗人的"真性情、真面目"，更有打动人心的力量。这种对"真性情、真面目"的推崇在中国古代文学批评史上早有渊源，仅在清代便有袁枚的"性灵"说和龚自珍的"尊我"说珠玉在前；对于王韬、蒋敦复这样的诗人来说，"悲悯天人"的精神虽然仍和"杜陵诗史"的传统一致，但所感怀的时事已经大变，不复与后者所遭遇的时事一样处于相对封闭的社会系统之中，而是涌入了大量新观念、新事物，这也把他们的文学观与文学创作推向了新环境、新课题。王韬的诗论有求新的一面，也有传统的一面，如他对黄遵宪《日本杂事诗》的评论。

> 叙述风土，纪载方言，错综事迹，感慨古今，或一诗但纪一事，或数事合为一诗，皆足以资考证，大抵意主纪事，不在修词。其间寓劝惩，明美刺，具存微旨，而采据浩博，搜辑详明，方诸古人，实未多让。如阮阅之知兖州，曾极之官金陵，许尚之居华亭，信孺之官南海，皆以一方事实托诸咏吟。顾体例虽同，而意趣则

---

① 参见蒋敦复《啸古堂诗集》第一册，清光绪十一年刻本。

② 参见蒋敦复《啸古堂诗集》第二册，清光绪十一年刻本。

异。此则扬子云之所未详，周孝侯之所未纪。奇搜《山海》以外，事系秦汉而还，仙岛神洲，多编日记，殊方异俗，咸入风谣。举凡胜迹之显湮，人事之变易，物类之美恶，岁时之送迎，亦并纤悉靡遗焉，洵足为巨观矣。①

上面这段评论中，王韬着重阐述《日本杂事诗》“足以资考证”的特征，而对其文学性不做讨论，流露出以文学为次要的传统观念。随着基督宗教的赞美诗在诗歌领域逐渐立足、发展，对这种诗歌的探讨也开始出现。1877 年，黄品三的《评〈颂主圣歌〉》发表于《万国公报》。根据文中所言，这篇评论考察了一部翻译圣歌集，其中对赞美诗特点与作用的分析，具有普遍意义。

夫教中赞颂、祈祷、读书、讲道，乃信徒之分，而诗歌之佳者，其感人尤易入。因歌韵悠扬，听者随声而动，念觉于中，如何恩宠，如何希望，如何知罪，如何得□，如何审判，如何永福，则不知足之蹈之，手之舞之，因而悔改，因而依赖。岂曰歌乃小补之哉！②

作者认为，优秀诗歌“感人尤易入”离不开“歌韵悠扬”（即音律）。在阐述过程中，他积极借鉴了中国传统文学理论。《礼记·乐记》中对人与音乐的相互关系有如下分析。

乐也者，圣人之所乐也，而可以善民心。其感人深，其移风易俗，故先王著其教焉。夫民有血气心知之性，而无哀乐喜怒之常，应感起物而动，然后心术形焉。③

---

① 王韬：《〈日本杂事诗〉序》，载王韬《弢园文录外编》，上海书店出版社，2002，第 209 页。标点略作改动。

② 黄品三：《评〈颂主圣歌〉》，《万国公报》1877 年第 447 期。

③ 《乐记》，载朱彬《礼记训纂》，饶钦农点校，中华书局，1996，第 575～576 页。

《诗·大序》中也说：

> 诗者，志之所之也。在心为志，发言为诗。情动于中，而行于言。言之不足，故嗟叹之。嗟叹之不足，故永歌之。永歌之不足，不知手之舞之，足之蹈之也。①

《评〈颂主圣歌〉》里“随声而动，念觉于中”和“足之蹈之，手之舞之”的表述，显然吸收了《礼记·乐记》和《诗·大序》对于声律作用的论述。对于华人教徒，他希望他们坚定信仰，并两次提到“以辞害义”，以之为需要避免的不良状况。黄品三运用传统理论来考察赞美诗这种新的诗类，一方面显示了中国传统学术对他的影响，另一方面也展现出中国传统文学理论是如何与一种新的外来诗类建立联系——从文学的角度上看，赞美诗的宗教性质使它的终极追求指向人心与上帝的沟通，同时伴随着一定的功利性，因而重视音律对人产生的感官影响；而《礼记·乐记》和《诗·大序》追求人心感动，注重诗歌的教化功能，而且上古早有诗乐合一的传统；在神学和经学中，文辞占据最重要的位置永远是不应出现的情况。宗旨和方式的相通，使中国传统文学理论与带有西方色彩的赞美诗找到了交叉点。

三　散文批评

对散文的批评显示出不同的取向。有些批评继承了传统的古文观念，如李问渔为所编文选《古文拾级》作的序言。

> ……文之体，迥不相侔，不可以不判。自来骚人韵士，艺擅雕龙，骈俪之词，满楮月露，浓艳之作，下笔珠玑，皆可以娱性情，

① 《诗·大序》，载《诗经》，朱熹集传，方玉润评，朱杰人导读，上海古籍出版社，2009，第1页。

而无俾于实用。故维持世道，启豁人心者，惟雄畅清利之辞。此古文之所以尚，学者不可不读者也。①

《古文拾级》是李问渔于宣统元年（1909）所编的古文选本。在所引序言中，李问渔注意到了部分文体辞藻华丽的形式美和“娱性情”之用，但在他看来，这些都不如“俾于实用”又“雄畅清利”的古文，这种观念沿承的正是“文以载道”的思想。类似地，他在《凡例》中特别强调熟习经史对古文写作的重要性：“古文气骨笔力，悉从经史沉浸而出。”“时代愈远则文体愈高”② 的评断也是“宗经”思想的一种表现。不过在介绍收录文章时，他写道：“间有不合纯正哲学者，予赏其文，不取其义。”③ 可见他也并未一味死守传统，而是稍作调和，兼顾作品的美感。相比之下，马相伯的论述更具时代感：

一国之语言，一国之心志所藉以交通也。一国之文字，一国之理想所藉以征验也。故观国者，每即其文字以觇之，未有文字浮浅委琐，陈腐狭陋，而理想不愧于文明者。此其所以尊为国粹也欤？其用不外言事与言理，而其要则在启新知，以择别改从。……歌咏陶淑之功，特其余事焉耳！

昔罗马文宗季宰六之言曰：凡文字欲人歌泣者，须先歌泣一千回，欲人省悟者，须先省悟一千回。事不如身亲历，言之何以了当？本末先后，应有俱有。我国语言，其足以发明心志，而交通之与否，兹不俱论。而文字则固一国聪明才智会萃之林，心力脑神表诠之地。以是论文之作，自古接踵。无如病蹈空，鲜指实，即季宰六论文八卷，亦不能免。盖言事言理，贵有物有序，非深于哲学，精于名学者不能，而辞藻尤非多读多记不能。用字造句，《马氏文

① 李问渔：《序》，载李问渔编《古文拾级》，土山湾印书馆，1922 年印本。
② 李问渔：《凡例》，载李问渔编《古文拾级》，土山湾印书馆，1922 年印本。
③ 李问渔：《序》，载李问渔编《古文拾级》，土山湾印书馆，1922 年印本。

通》虽具梗概，而谋篇分段，尚付阙如。扬子有言："言，心声也；书，心画也。画有形之画易，画无形之画难。"文字为美术之冠，其神韵全在牝牡骊黄之外，巧固不能与人也。[①]

这段文字显示了一种开放的、具有新的世界观念的视野。不同于传统儒家将"文"与抽象、普适的"道"联系起来，论者将语言文字与各国的文明加以对应，因而文学也相应地反映了各国各民族的文明；以"启新知"为语言文字之要，表达了向文学中引入新题材的希望；引用季宰六（西塞罗）的观点来支持对本国文学的看法，也体现出具有比较文学意味的思维。不过，把语言文字的功用限定于"言事与言理"的范围之内，又称"歌咏陶淑之功，特其余事焉耳"，也未能超越传统的功利文学观。重视写作技巧和知识素养，则再次体现了马相伯文学观中的精英主义倾向。

与马相伯的这段论述不同，王韬则并未特别推崇"古文辞之门径"，甚至对它显得不太关心。

惟念宣尼有云"辞达而已"，知文章所贵，在乎纪事述情，自抒胸臆，俾人人知其命意之所在，而一如我怀之所欲吐，斯即佳文。至其工拙，抑末也。鄙人作文，窃秉斯旨，往往下笔不能自休。若于古文辞之门径，则茫然未有所知，敢谢不敏。[②]

从引文中可以看到，这种对"古文辞之门径"的冷淡，是出于王韬"文章所贵，在乎纪事述情，自抒胸臆"的观念。和李问渔、马相伯的观点相比，王韬在文学的价值功用中添加了"述情"一项，这就使"自抒胸臆"的重要性大大提高，而对技巧规范的强调则相应减少，这更多是表达需要造成的，并不影响他受中国传统文论影响的部分。

---

① 马相伯：《〈古文拾级〉序》，载朱维铮主编《马相伯集》，第101页。

② 王韬：《自序》，载王韬《弢园文录外编》，第1页。标点略作改动。

时势不同，文章亦因之而变。余谓文运之盛衰，固有时系乎国运之升降，平世之音多宽和，乱世之音多噍杀，若由一人之身以前后今昔而判然者，则境为之也。……夫文章虽小技，然实载道之器也。识具于几先，意存于言外，能者无不如是。其有先时而见志，后时而兴怀，思古伤今，忠君念国，感怆身世，悲悯天人，往往一篇之中，三致意焉。①

上面这段引文反映了文运与国运的联系，文以载道、意在言外和知人论世的观念，它们都是传统中国文学批评中的重要话题。王韬在将它们密集地置于一篇序文中，可见他对中国传统文论的认同。值得一提的是，这篇序言是为日本学者三岛中洲的文集所作。从王韬的序言和语言掌握情况推测，这部文集是用中文写成的，而王韬对它的评论方式也基本与其他中国文集相同；实际上，王韬对多部日本人用汉语写成的作品进行了分析和评论，因此，本节所要讨论的内容已不能简单地用“本国文学”加以限定，而应以写作语言为划分标准，这就是以“汉语文学”命名本节考察对象的原因。

在宗教散文中，祷文是重要的分支。黄品三的寓言《同气相求喻》借人物之口，发表了对祷文的看法。

凡有所求宜直告，而勿用赘语如异族然。夫至亲莫如父子，安可渎以浮词？试观四方万国，父子之间，有若是虚文乎？宜其厌恶而不应也。且父富有天下，求之者众，尔乃长言赘语，亦顾在旁之久立而侍者乎？尔若效弟之率真，则同气相求，同声相应，随愿而应矣。②

作者向这则寓言中引入了基督宗教观念，所谓“父子”关系，隐

---

① 王韬：《〈三岛中洲文集〉序》，载王韬《弢园文录外编》，第214～215页。

② 黄品三：《同气相求喻》，《万国公报》1877年第452期。

喻的是上帝与人类之间的关系，儿子向父亲告求的言辞，也与基督宗教的祷文对应。对这种有沟通人神之功的文类，牧师黄品三希望它尽可能地率真简朴，而不要过分追求辞藻，以致以文害义——这和他对赞美诗的希望是一致的。

四　小说批评与戏曲批评

在小说批评中，同样存在不同的声音。马相伯以“学问”为重，把小说归入“闲书”一类，即使注意到小说出现了新题材，仍和传统看法一样坚持“诲盗诲淫”的评价，而把这种文体排斥于正统“文学”之外，表现出极大的轻视，这是一种保守而消极的小说观。

> 春秋之世，上不悦学，以致周亡。与前清之徒悦唱戏也，碰和也，有以异乎？人之所以群居终日，所好惟博与弈，惟酒与色，而不求学问者，以不知学问自有愉快之一境。人游一好景好园焉，必愿再游；人食一好肴好馔焉，必愿再食。今试举以语人曰：某于某科学得三昧焉，某于某文学足三冬焉？及起而观其所好，非科学也，非文学也。其上焉者，闲书小说，而美其名曰：是说风俗也，是说侦探也。其实舍奸盗无侦探，舍男女无风俗，诲盗乎？诲淫乎？而复易其词曰：不知风俗何以知彼？然而知彼，何用小说？①

在对小说的评价上，马相伯和同学李问渔基本持相同态度。在李问渔主办的《益闻录》上，就曾刊登过一篇《论淫词小说之害》，对小说加以批评。

> 迨唐宋而后，作者弥繁，诬谩失真，妖妄荧听，往往而是，真

① 马相伯：《北京法国文术研究会开幕词》，载朱维铮主编《马相伯集》，第 141 页。

能寓劝戒，广见闻，资考证者不可概见。晋葛洪有《西京杂记》，摭采繁多，取材不竭，词人沿用多年，已成故实。宋刘义庆有《世说新语》，分三十八门，上起后汉，下迄东晋，轶事琐言，足为谈助。唐张鷟有《朝野佥载》，谐噱荒怪，纤悉胪陈，未免失于纤碎。此外有《次柳氏旧闻》、《刘宾客嘉话》、《明皇杂录》、《幽闲鼓吹》、《玉泉子》、《云仙杂记》等书，更仆不能悉数。然古时世风尚厚，一切媟语淫词，罕有宣于笔墨。近代不然，文人好名钓誉，不能以帖括见长，每作□官以眩俗，月下桑中之丑，无不逼肖形容，以冀悦人耳目。坊□市侩，惟利是图，不问书之合理与否，祇问财之能生与否，能生则镌板裁笺，私刊潜卖。年轻子弟，浮荡性成，书愈丑则心愈喜，争购传观，动辄万卷。于是求名者著作日繁，谋利者梓行日广，遂致大庄小店，家置数编，商人生意稍闲，随即携取披阅，虽当道间或示禁，而阴违阳奉，积弊依然。说者谓淫曲艳词，最伤风化，猛兽不足以比其毒，刀山不足以比其锋，鬼祟不足以喻其丑。此似甚言之而未足信者，殊不知刀剑豺狼祇害人身，不害人心，而淫书之祸大逾于是。无论男子妇女，一经披阅，情为之移，小则意念纷歧，萦怀丑行，大则问花寻柳，肆意风狂，渐至荡产倾家，品行日流于卑下。原其始，每由于父师疏忽，置小说于案头，童子初识之无，即藉此以娱意，迨大欲炽而不从善，教已悔无及矣。又有人焉，文字未通，大义不达，而茶余酒后，口若悬河，所引无非杂说。其自信也，亦以为多见多闻，出人一头之地，岂知有识听之，不禁暗中捧腹，盖以其身居鲍肆，不自知其臭也。今天下同风一道，讵少佳文，何忍以有用之光阴，埋头于谰言呓语。窃谓此等恶习，不可坐视其迷，而挽救之方，非当道严禁不可。安得言官大吏奏请朝廷，将通邦媟亵之词，一旦尽付回禄，犹恐禁者禁而犯者犯，此风依然流布。爰冀各方善士，合志同谋，立善会，发善书，明查暗访，余力不遗，苟知有违犯之人，立即报官

> 惩办。如是则宇宙间秽气稍除，而世风藉以渐革，岂不懿欤?①

这篇文章以“寓劝戒，广见闻，资考证”为小说的理想境界，从道德和学术立场评判这种文体，其观念同样是保守的。

作为小说作者，陈春生对小说的价值意义有一定认识，但也不能完全摆脱“文以载道”等中国传统文学观念的束缚。

> 今日改良社会之利器，除学堂为根本着手外，曰报章，曰演说，曰小说。大概报章便于已识字之人，演说便于未识字之人，其能雅俗共赏，上下交便者，其惟小说乎。盖小说之性质，意既显豁，词亦畅达，能于吐人心之欲吐，言人情之欲言，故世人无论智愚贤不肖，未有不喜阅小说，与喜闻小说者。
>
> 圣经贤传，非不足以移风易俗，导人于善也，然其词旨深奥，读之殊费脑力，往往手未终卷，已入睡乡，何如小说之情致缠绵，有声有色，令人久读不厌乎?
>
> 惜我国小说，每多杂而不纯，如《水浒》尚义，而实为诲盗之媒，《红楼》言情，而实为宣淫之具，《三国》则言多诡谲，其流弊乃导人无信，《封神》则事多怪诞，其流弊乃引人信邪。故我国道学之士，每每严戒子弟，不看小说，良有以也。
>
> 自庚子以还，我国士夫，稍知小说之有功于社会也，爰云从水集，争译泰西各种小说，或历史，或言情，或侦探，或政治，光怪陆离，不胜枚举，然独于改良社会之小说，尚不多觏，岂非大憾事耶?②

从引文中可以看出，陈春生明显受到了梁启超文学观念的影响。序言一开头，他便提出了改良社会的四种利器：学堂、报章、演说、小

① 《论淫词小说之害》，《益闻录》1886 年第 574 期。

② 陈春生:《〈五更钟〉再版自序》，载陈春生、亮乐月《五更钟》，美华书馆，清宣统元年印本。

说——前三种正是梁启超《饮冰室自由书·传播文明三利器》中的“传播文明三利器”，最后一种，即小说，也是该文指出的对日本维新运动有重大推动作用的因素之一。《饮冰室自由书·传播文明三利器》的影响于此明显可见。此外，陈春生接受了梁启超对小说社会功能的积极评价（“有功于社会也”）和对小说通俗性的认识，并且认真地进行实践。不过，同梁启超等知识分子一样，他评论和创作的出发点仍然是“改良社会”，因此，他对小说的美学价值和在文学史上的地位认识不足。观念虽随着时代发展而有所更新，但思维模式仍是“文以载道”式的。他批评中国古代小说大多“杂而不纯”，分别将《水浒传》《红楼梦》《三国演义》《封神演义》指为“诲盗”“宣淫”“导人无信”“引人信邪”，也可看出他对传统小说仍持保守的轻视态度。

王韬创作了三部“聊斋”式的小说，小说观念最有特色的部分在于有关“志异”的讨论。在《淞滨琐话》的自序中，王韬谈到了“心”、“境”与“幻”的关系。

> 世间富贵荣华，贫贱屈辱，皆境也。境也者，不过暂焉而已。优游恬适，舒畅怡悦，所以养乎心者也。心能入乎境之中，而超乎境之外，且能凭虚造为奇境幻遇，以自娱其心。①
>
> 自来说鬼之东坡，谈狐之南董，搜神之令升，述仙之曼倩，非必有是地有是事，悉幻焉而已矣。幻由心造，则人心为最奇也。②

在以上两段引文中，王韬肯定了小说创作中的虚构手法，而且指出创作者主观能动性在虚构过程中的积极作用；从论述中选用“心”“境”“幻”等概念展开阐述，可以看到佛教思想的影响。对于一个基督宗教信徒来说，在公开发表的文章中大量引用佛教观念是不应该的。

---

① 王韬：《自序》，载王韬《淞滨琐话》，第1页。标点略作改动。

② 王韬：《自序》，载王韬《淞滨琐话》，第2页。

这样的表述显示了王韬作为传统文人的一面，与他的亲身经历和感受密切相关，这从《淞隐漫录》的《自序》中可见一斑。

> 不佞少抱用世之志，素不喜浮夸，蹈迂谬，一惟实事求是。……盖今之时，为势利龌龊，谄谀便辟之世界也，固已久矣，毋怪乎余以直遂径行穷，以坦率处世穷，以肝胆交友穷，以激越论事穷。困极则思通，郁极则思奋，终于不遇，则惟有入山必深、入林必密而已，诚一哀痛憔悴婉笃芬芳悱恻之怀，一寓之于书而已。求之于中国而不得，则求之于遐陬绝峤，异域荒裔。求之于并世之人而不得，则上溯之亘古以前，下极之千载以后。求之于同类同体之人而不得，则求之于鬼狐仙佛，草木鸟兽。……尊闻阁主人屡请示所作，将以付之剞劂氏，于是酒阑茗罢，炉畔灯唇，辄复伸纸命笔，追忆三十年来所见所闻，可惊可愕之事，聊记十一，或触前尘，或发旧恨，墨沈淋漓，时与泪痕狼藉相间。①

怀才不遇、颠沛流离的经历使王韬对现实渐渐失望，从而将自己对当时中国社会的感触和希望移情、变形至异域、异代，乃至“鬼狐仙佛，草木鸟兽”的非现实世界；曾经的“钦犯”身份和难以预料的文网，也让他下笔时有所顾忌。王韬创作狭邪文学的动机，也可以从这个角度加以解释。

除此之外，还有一个容易被人忽视的因素就是大众媒体的影响。在这段引文中提到的“尊闻阁主人”，就是《申报》与《点石斋画报》的创始人，美国商人美查（Earnest Major）。王韬的三部志异小说集《遁窟谰言》《淞隐漫录》《淞滨琐话》都是应美查的邀约而发表的，后两部小说集更是首先刊载在《点石斋画报》，而后才结集出版，可见美查

① 王韬：《自序》，载王韬《淞隐漫录》，王思宇校点，人民文学出版社，1983，第2～3页。标点略作改动。

及其运作的媒体与这三部小说集的关系之紧密。所谓“酒阑茗罢，炉畔灯唇”“所见所闻，可惊可愕之事”与《点石斋画报》的办报方针是相一致的。《淞隐漫录》的《自序》首先刊登在《点石斋画报》第六期，在这期画报发行之前，《申报》发布了署名“申报馆主”的《第六号画报出售》，预告《点石斋画报》将连载《淞隐漫录》。

> 书画，韵事也。果报，天理也。劝惩，人力也。本馆印行画报，非徒以笔墨供人玩好，盖寓果报于书画，借书画为劝惩。其事信而有征，其文浅而易晓，故士夫可读也，下而贩夫牧竖，亦可助科头跣足之倾谈。男子可观也，内而螓首蛾眉，自必添妆罢针余之雅谑。可以陶情淑性，可以触目惊心。事必新奇，意归忠厚。……本馆新得未经问世之奇书数种，不敢秘诸笈笥，先将《淞隐漫录》一书，以其首卷之第一说另绘一图，增附画报八页之末。……[①]

这则广告开门见山地表明了《点石斋画报》当时的办报特色：书画、果报和劝惩是“表”，而韵事、天理、人力是“里”，一大功用在于满足人们娱心怡情的消遣需要。“科头跣足之倾谈”、“妆罢针余之雅谑”与“酒阑茗罢，炉畔灯唇”，“其事信而有征”与“所见所闻”，以及“触目惊心”、“事必新奇”与“可惊可愕”都有内在的吻合。王韬与媒体的合作，使得他的言论既是公共的、面向大众的，也是受制于大众的。这种合作要求作者与媒体的方向基本保持一致，而媒体（特别是商业化很高的大众报刊）的方向则紧跟普通大众的思想观念。晚清中国社会中，与基督宗教相关的话题一直充满争议，无论在哪个阶层，都有许多中国人对这种外来宗教持排斥或怀疑的态度。因此在美查名下机构刊印的作品中，读者们看到的王韬是报人，是文人，或是有海外经历的改良主义者，但不会是一个基督宗教信徒，在其文章中看到大量佛老

① 申报馆主：《第六号画报出售》，《申报》1884年6月26日。

之言，也就不足为奇了。

戏曲评论有王韬对传奇《补春天》的题词。《补春天》是日本汉学家森槐南（1863－1911）少年时所作，光绪五年（1879）王韬读到这部传奇，给予很高评价。

> 阅之情词旖旎，意致缠绵，镂月裁云，俪青配白，顾近时作手也，绮年得此尤难，爰题六绝句于后。……①

在王韬后来自编的诗集《蘅华馆诗录》中，也收录了他的题词，与上文所引《补春天》原书“题词”略有不同。

> 情词旖旎，丰致缠绵，雅韵初流，愁心欲绝，不禁有感于怀，爰题六绝句于上，……②

两段文字都赞扬森槐南的作品“情词旖旎，意（丰）致缠绵”，差异在于前者突出了“镂月裁云，俪青配白”的骈俪工巧之美，后者则探讨了“雅韵初流，愁心欲绝”的风格特征。从这两段文字的异同中可以看出，王韬的戏曲观推崇委婉缠绵的情致和精巧工整的音律、用字，这与他的小说观念也是相互呼应的。

以上从诗歌、散文、小说、戏曲四个方面，介绍了近代江南基督宗教文人有关汉语文学的理论和批评，显示了这一群体在文学理论和批评方面的复杂性和多样性：许多论述体现出“中外并用”的特征。所谓“中”是指中国传统的文学观念和欣赏趣味，“外”则包含基督宗教思想、外国政治制度和外国文学等多个领域。整体上说，这一群体呈现出善于吸收外来和新生思想观念的特点；在群体内部，成员们在某些命题

---

① 〔日〕森槐南：《补春天》，载王人恩《日本森槐南〈补春天〉传奇考论》，《西北师大学报》（社会科学版）2003 第 3 期。

② 王韬：《题补春天传奇》，载《清代诗文集汇编》编纂委员会《清代诗文集汇编》708，第 67 页。

上有不同的思想倾向。个人经历、知识背景和与媒体的关系都是影响文学理论和批评的因素。在一些有基督宗教气息的文学批评里，评论者运用了自己的中学积累，努力寻找经学与神学，传统中国文学与西方文学的相通之处并加以糅合。

第三节　文集编选与报刊编辑

一　文集编选

除了本人的创作，编选文集的原则也能反映一个人的文学观念。李问渔是中国天主教会中非常多产的创作者，同时也编纂了《古文拾级》《墨井集》等多部文集。在编选文集时，他也坚持了尊崇耶教、注重实效的功利文学观。在《古文拾级》的自序中，李问渔介绍了编纂此书的缘起和经过。

> 近岁朝廷改制，科学多门，童子束发就傅，其致功于古文者为时益尠，遂觉诸家之选，过繁且深，非中才所能从事。己酉春，张君士泉，理学汇庠，见诸生涉猎无定程，良用慨然，因言于院长崔公，拟另选古文，为操觚者法。公善之，以事委余。余不学，何敢擅自纂辑，乃谋于王鉴林金淮秋两孝廉。择清劲易法者百篇，厘为八卷，分上下二册。颜之曰拾级，取拾级而升之义。又偕孙鉴秋副车，略加注释，以便启蒙。①

由引文可知，这部古文选本的编写是为了适应新的教育体制和教学需要，因而按照先近后远、由浅入深的原则编排文章。这一点在序言后

① 李问渔：《序》，载李问渔编《古文拾级》，土山湾印书馆，1922年印本。

面的《凡例》中又被特别强调。

> 是编为高等小学及中学堂用，以国朝文之最清浅者列卷首，次明文，次宋文，次唐文，次周汉文，愈后而程度愈高。虽亦依朝代编次，然逆行而上，与前贤之选异。譬如登高，自卑下起，因名之曰古文拾级，取拾级而升之义焉。[①]

这样用心安排全书的结构，最终是为了使读者能循序渐进地学习、掌握古文，由文学而与圣贤相通，进而立身明道，这样的思路仍然是建立在以文明道、征圣宗经的传统文学观念上的。当然，联系这部选本所处的社会背景，也可看出李问渔保存中国传统文化的苦心，这种希望正如他的同学和友人马相伯所说："国粹之存，其在斯欤！"[②]

编选《古文拾级》之后，李问渔又纂辑了《徐文定公集》和《墨井集》。《徐文定公集》编于光绪二十二年（1896），收录了明末"中国天主教三柱石"之一、著名士大夫徐光启的文章及相关史料，该书序言云：

> 丙申[③]春，高司铎镐鼎，以法文著《传教志》，载公事颇详，皆宗古西人函牍。蒙读而悦之，译以华语；又录《徐氏家乘》，暨《明史》、《畴人传》等，都为一卷。以公之文，得像赞三、原道一、行述四，序与书各二，又奏稿如干，皆论火器历法。可见西学东来，教士为先导，而公实为译祖。[④]

这段文字介绍了《徐文定公集》的内容，随后归结于"可见西学东来，教士为先导，而公实为译祖"，清晰地显露出编者的宗教立场：

---

① 李问渔：《凡例》，载李问渔编《古文拾级》，土山湾印书馆，1922 年印本。

② 马相伯：《序》，载李问渔编《古文拾级》，土山湾印书馆，1922 年印本。

③ 即光绪二十二年（1896）。

④ 方豪：《中国天主教史人物传（清代篇）》，明文书局，1985，第 287 页。

西学东来既然是由天主教（耶稣会）开风气之先，那么人们对待天主教应采取更为宽容的态度；教中先贤应受敬仰，中国教徒的中介之功不能忘记。

于宣统元年（1909）编著的《墨井集》显示了相同的立场。这部作品集收录了明末清初书画家、中国天主教神父吴历（字渔山，号墨井道人）的诗文和传道词，在序言中，李问渔对世人忽视吴历天主教信仰的做法表达了不满。

> 唐虞世南精思不懈，文章赡博。太宗每称其五绝，一曰德行，二曰忠直，三曰博学，四曰文词，五曰书翰。虞山墨井道人吴渔山先生，明琴乐，工诗词，精书法，善绘画，四者皆绝，而其避世求道，卒成教士，布化于上海嘉定间者三十载，尤为庸俗所难能，谓为五绝，不亦宜乎。乃叔季人情，舍本逐末，重先生之所轻，轻先生之所重。……先生之所重，要惟真道，故既识之，决计遵之，不便遵于家则弃家，不获遵于里则去里，求之遐域，传之远方，而苏州琴川等志，偏为隐讳，谓先生晚年浮海，不知所之。夫撰志者果未之知耶？殆以先生为愚，故立意讳之耳，不知先生未尝愚，而愚在撰志者也。先生知昭事之宜勤，惠迪从逆之理不能讹，以故一识正教，奋志皈依，等亲朋于行路，视名利如浮云。曾文正有云："贤与不肖之等，奚判乎？视乎改过之勇怯以为差而已。若先生者，可谓勇于改过者矣。①

随后，李问渔又说明了全书的内容及其来源：

> 己酉夏予启徐汇书楼旧箧，得先生《口铎》一卷，为从来所未刻。又得《三巴集》一卷，多于顾氏所搜过半，其言教中事甚

① 李问渔：《墨井集序》，载吴历《墨井集》，李问渔编，土山湾印书馆，1909 年印本。

详。予喜，以谓可以明先生之心迹，而剖不知所之之诬矣。因请于上峰，以已刻与未刊之稿，都为一集，颜以《墨井集》。又请安君守约，摄先生墨迹影若干，附于卷末，俾阅者知先生之五绝，而尤学其勇于改过也。[①]

在上面这段文字中，李问渔特别强调了两个方面，一是《墨井集》收录内容多为未曾刊刻的新见材料，二是收录的文字能充分体现吴历虔诚的天主教信仰。从“俾阅者知先生之五绝，而尤学其勇于改过也”一句看来，编选此书的目的不只是表彰先贤，更是给读者树立信教的榜样。如果说编辑《古文拾级》主要反映了文以载道的传统文学观和“保存国粹”的愿望，那么《徐文定公集》和《墨井集》的纂辑更彰显了编者的宗教立场。虽然一为促教化，一为传信仰，但本质上都是为了对现实产生某种影响，在功利性上是一致的。

王韬也是晚清著名的出版家，除了编辑出版自己的诗集《蘅华馆诗录》、文集《弢园文录外编》、书信集《弢园尺牍》《弢园尺牍续钞》及与张宗良合译的《普法战纪》等著作外，他还整理出版了多部他人作品，如黄遵宪《日本杂事诗》、蒋敦复《啸古堂诗集》、许起《珊瑚舌雕谈初集》等。王韬的编辑手法和他的文学创作多有异曲同工之处。

首先，编纂大量海外题材的图书，向读者介绍海外世界，并体现出对西方科学文化的兴趣。王韬编辑出版了《法国图说》《普法战纪》《日本杂事诗》等大量海外题材的书籍，还编纂了《西国天学源流》《重学浅说》《泰西著述考》等多种西学著作。在《〈普法战纪〉代序》中，他写道：

王君之为此书也……网罗宏富，有非见闻所及。序述战事纤悉靡遗，若观楚、汉巨鹿之斗，声情毕见，而尤于近日欧洲形势，了

① 李问渔：《墨井集序》，载吴历《墨井集》，李问渔编，土山湾印书馆，1909 年印本。

如指掌。……王君旅居香海，一星将终，虽伏处菰芦，流离僻远，而忠君爱国之念未尝一刻忘，恒思得当以报国家，尝曰：“熟刺外事，宣扬国威，此羁臣之职也。”然则王君此书非其滥觞也哉！余为王君悲其遇，哀其志，重惜其才，而犹幸此书之略足以表见也。……

特余意更有进者。……闽、粤之人，帆樯往来负贩于东南洋者，凡数百万，……衣冠典籍无改我制，习俗方言不易我素，虽居处二百余年之久，无不奉我正朔，慑我王灵，即远至于美洲之嘉厘符尼亚、夏瓦那、秘鲁，无不为我中国人足迹所至，生聚既盛，其间岂无为之魁为之杰者，有若虬髯故事。前者朝廷两遣使臣乘槎远出，此后岂无奉命绝域，立功徼外，如班定远、傅介子其人者。呜呼！此盖天之特欲兴我中国，故使东西之交由渐而合也。中国之兴，沛然天下莫之能御，普之强，云乎哉。因序《普法战纪》，纵论之如此，有心人当不河汉斯言。[①]

这段序言在自我表白、自我宣传的同时，也道出王韬编辑海外题材著作时的关注点。出于爱国思想，王韬大力介绍海外世界，以求开启民智，启发更多的读者开阔眼界，借鉴外国经验，从而振兴中华。同时，在编辑过程中，他也抱有“东西之交由渐而合”的希望。在《蘅华馆诗录》《淞隐漫录》等作品集里，有许多描述异域风土人情、文明成果的片段；中外人物的交流也常出现在文学创作中，如王韬写给西方传教士、日本士人的诗歌，以及小说里华人与外国人相遇并交往的情节等。

其次，不表明自己的基督宗教信仰，但又将这一信仰渗透书中，这主要体现在王韬对自己作品的编辑思路中。《弢园文录外编》第一卷讨论的内容与后面各卷相比更提纲挈领，展现了王韬心中治国之策的基本方面。该卷首篇《原道》罗列分析各种宗教，虽然仍对儒教最为尊崇，

---

① 王韬：《〈普法战纪〉代序》，载王韬《弢园文录外编》，第197～198页。

但又称“夫民既由分而合，则道亦将由异而同”，认为东西方“圣人”均“此心同此理同”，并以“大同”之说释之，这是对儒教和西方宗教的调和；在对西方各种宗教的评述中，基督宗教之外的各种宗教在作者眼中都不足道，只有天主教和新教（“耶稣教”）方有与儒教对峙之势，而天主教又“殆不及耶稣教所持之正也”[①]，作者的新教信仰在此流露无疑，但又是以一种较为平和的学术研究形式出现并展开的。类似的还有此书卷三的《传教上》。这篇文章在分析中外争端的原因时，先举出“出于通商者”和“由于传教者”两种情况，即由西方人引发争端的情况，然后再提中国人为难传教的情形，这就显得作者并不偏袒外国人，立场更倾向于维护华人利益。随即作者的褒贬开始显现，称“其间因教以滋衅者，大抵天主教居多”，又援引欧洲情形，言“夫天主教之嚣然不靖，不独在中国为然，即在欧洲诸国何莫不然”。作者详细叙述天主教“嚣然不靖”时，也不忘举出新教与之对比：“惟耶稣一教。不与天主教同日而语。其守己奉公，绳趋尺步，盖有与天主教同源而异流，殊途而别辙者。”[②] 这篇文章没有讳言新教传教士与太平天国饱受争议的交往，但只是叙述其过程而不做评价，和描述天主教的文字大异其趣。《传教上》和《原道》都流露了作者的宗教信仰，只不过表现得较为隐蔽，在看似平允的论述中以说明、比较等方式暗示给读者。《蘅华馆诗录》中没有对作者宗教信仰的直接阐述，也没有宗教气息浓郁的描写片段，但是收录了写给英国传教士麦都思的赠别诗《送麦西士回国》，表达了依依惜别的情意，其中“道自西来证大同”一句和《原道》借用的“大同”说一样，都反映了王韬中西思想可以和谐共存的观念，这对一个新教信徒来说是非常自然的想法。《记李七壬叔所述语》谈到佛教思想与基督宗教思想的矛盾冲突，还对明末天主教士艾约瑟与僧人的

① 王韬：《原道》，载王韬《弢园文录外编》，第 2 页。

② 王韬：《传教上》，载王韬《弢园文录外编》，第 51～52 页。

辩论加以描述。在此诗最后的议论部分，作者拈出“儒生治内心，忠孝根恻怛”，以儒家立场支持自己的观点；称有关放生是否合理的辩论太过琐屑，“生杀两可得，何暇为辨别”，不过在之前的议论中已经提出杀生未尝不可，全诗末句更说“一笑烹伏雌，且以乐今夕”[①]，对佛教的驳斥不言自明，并且也与新教观念相合。

再次，借编纂青楼题材的笔记表达自己“伤美人之已化，悲名士之云亡”的心理。王韬编撰了《海陬冶游录》和《花国剧谈》，将风月场所的介绍及妓女优伶的事迹等内容收录进《艳史丛钞》。《艳史丛钞》收录了清代十余种青楼题材的笔记，时间跨度从清初至清末。其中几部笔记王韬特地为之序跋，可见是丛书中编者极有感触者。审视这些序跋，可以帮助我们推测王韬编辑时的心态。《板桥杂记》系明遗民余怀追忆明末金陵风月繁华的名著，据余怀自序所说，乃“一代之兴衰，千秋之感慨所系也”[②]，即是说这不是简单的谈论风月掌故的消遣之作，而是寄托了故国之思、兴亡之感和遗民之悲的血泪文字。王韬的《板桥杂记跋》开头便说：“余曼翁作《板桥杂记》，不以为谈艳之书，而以为伤心之史。予读之，而掩抑摧藏，有同慨焉。”[③] 接着，他回忆了秦淮河畔自明清交替以来的繁华消歇，一再表达自己的感慨之情。

> 然则余亦以一身阅千秋之兴废，能无感慨系之耶。
>
> 歌离吊逝，怀古伤今。每有客自北来，谈金陵之近事者，辄为欷歔欲绝。故读近人《白门新柳记》而泫然，不知泪之何从也。淮水波寒，板桥草长，濡笔记之，辄自悲也。[④]

和余怀不同的是，王韬感慨的重点已经由朝代兴亡聚焦至个人遭

① 王韬：《记李七壬叔所述语》，载《清代诗文集汇编》编纂委员会《清代诗文集汇编》708，第36页。

② 余怀：《板桥杂记序》，载王韬编《艳史丛钞》，汉文渊书肆，1929年石印本。

③ 王韬：《板桥杂记跋》，载王韬编《艳史丛钞》，汉文渊书肆，1929年石印本。

④ 王韬：《板桥杂记跋》，载王韬编《艳史丛钞》，汉文渊书肆，1929年石印本。

遇。金陵风月在清朝也曾有复兴的势头，但最终被官府禁绝，《白门新柳记》记述了这段短暂的兴盛，该书后来遭到禁毁，作者许豫也饱受讥谤。王韬在《白门新柳记跋》中表达了自己的异议。

> 夫秦淮之有绿篷船，原所以点缀烟波，流连名胜，诚穷乏者之养济院也。一旦绝之，无以为生，惟有号寒啼饥而已。况自管敬仲设女闾三百，乐籍遂不能废。是书偶为游戏，笔墨所及，虽谈艳冶，又何关于政体也哉。①

这段辩护在今天看来多有思想落后之处，除了援引管仲设女闾三百的故事来证明妓业存在的合理性以外，却再无感慨政事的描写议论。“点缀烟波，流连名胜”与“偶为游戏”都体现了文人的闲适趣味，“穷乏者之养济院”一说是从青楼女子的生存需求着眼，最后的“何关于政体”更是明确显示了作者对政治的有意疏离。由此可见，在阅读风月题材的笔记时，个人的具体遭遇比历史的“宏大叙事”更能引起王韬的共鸣。至于其中的原因，《十洲春语跋》或许可以提供一些参考。

> 咸丰甲寅年间，先生曾携云仙、霞仙来作沪游。……为话甬东昔日欢场风流云散，不禁惘然。今阅此编，犹可想见先生跌宕花丛，平章花国。兴豪意远，别有怀抱，虽同为名花写照，而其旨迥尔不同已。②

所谓“十洲”是甬东的别称，文中的“先生”指的便是《十洲春语》的作者——王韬的朋友姚燮。王韬特意指出《十洲春语》“别有怀抱”，从对姚燮谈论甬东风月场衰落的回忆和读《十洲春语》引起的对姚燮当年的追想，都有浓厚的怀旧意味，这背后正是对下层文人群体感

---

① 王韬：《白门新柳记跋》，载王韬编《艳史丛钞》，汉文渊书肆，1929 年石印本。
② 王韬：《十洲春语跋》，载王韬编《艳史丛钞》，汉文渊书肆，1929 年石印本。

同身受所引起的深深感伤。昔日欢场繁华不再，而彼时的文人风采也随之逝去，旧事重提，徒增感叹。青楼女子和下层文人都是当时社会上的边缘群体，因此可以说，王韬是借花国故事来抒发对自己身世的感叹，正所谓“伤美人之已化，悲名士之云亡”，这又与王韬大量风月题材的文学作品以及作品中对优伶妓女的关注同情一脉相承。

中华基督教青年会出版事业的本土化和广泛影响，使其无论在新教内部还是在世俗社会都有特殊的意义。青年会的出版工作始于1896年发行的《基督会报》，1903年前后，青年会总委办成立书报部，专门负责文字宣传。自此，青年会的出版工作便主要由中国人完成。1914年，书报部更名为青年协会书局。谢洪赉是中华基督教青年会早期重要的文字贡献者，除了自己的创作与翻译之外，他还在奚伯绶和范子美（1866 - 1939）的协助下主持青年会的文字出版工作直至去世。1916年谢洪赉逝世以后，胡贻谷（生卒年不详）接任青年协会书局主编直至1935年。早期青年会出版事业表现出两个特征：一是注重青年读者，二是文字浅显易懂。

青年协会书局出版物的读者主要以大学生、中学生为主，面向接受过一定文化教育的阶层。从表1的统计中，青年会出版机构对青年学生读者的重视可窥一斑。

表1　青年协会书局出版物题材分类（1912 ~ 1919）①

年份	古典书与参考书	宗教	哲学	科学	青年读物	社会学	政治学	传记文学	美术	赞美诗	小册子	工艺	体育
1912	—	5	—	—	5	—	—	—	—	—	—	2	—
1913	—	5	—	—	—	—	—	—	—	1	5	—	—
1914	—	13	—	—	3	—	—	1	—	—	28	8	1
1915	1	5	—	—	1	—	—	—	—	—	—	3	1

① 节选自〔美〕何凯立《青年协会书局出版物题材分类表（1912 ~ 1949）》，载何凯立《基督教在华出版事业（1912 ~ 1949）》，陈建明、王再兴译，四川大学出版社，2004，第109页。

续表

年份	古典书与参考书	宗教	哲学	科学	青年读物	社会学	政治学	传记文学	美术	赞美诗	小册子	工艺	体育
1916	—	6	—	—	3	—	—	1	—	—	6	7	4
1917	—	1	—	—	5	—	—	—	—	—	—	—	—
1918	—	7	—	—	2	1	—	2	—	—	—	1	2
1919	—	9	—	—	3	—	—	—	—	1	—	—	—
合计	1	51	0	0	22	1	0	4	0	2	39	21	8

由表 1 可见，1912 ~ 1919 年的八年间，“宗教”类出版物每年都会发行，而且在所有出版物类型中占有相当大的比重；“小册子”类所占比重排名第二，但这主要归功于 1914 年昙花一现的爆发式增长，而且这类读物发行极不规律，只有三年得到出版；比重排名第三的“青年读物”类出版物在出版的稳定性上仅次于宗教类出版物，除 1913 年中断一年外，其余各年均有出版，每年出版的数量也相对平均，因此在青年协会书局的出版物中实占颇为重要的位置。作为宗教组织的文字机关，青年会书报部（以及后来的青年协会书局）大量出版宗教类书籍是容易理解的，而其“青年读物”类出版物的稳定出版和多样性则在当时的新教出版机构中别具特色。一方面，年轻学生是中华基督教青年会成员的重要组成部分，青年会发行的出版物致力于服务成员也在情理之中；另一方面，青年会的出版物又往往成为参考资料，培养和指导成员在现实生活中更好地开展工作。由表 1 可见，青年协会书局在 1912 ~ 1919 年出版了一些传记文学和赞美诗。虽然这两类著作数量不多，不过比起“哲学”类、“科学”类、“社会学”类和“政治学”类著作仍相当可观，这足以显示书局在出版选题时的倾向。编辑们选择出版具有一定文学性的作品固然有适应现实需要的考量，但也显示出他们对这类作品并不排斥，并且积极利用文学的感染力来实现完善青年人格、宣传宗教观念的目标。编辑们在实际工作中秉持注重实效的文学观。此外，青年会出版

的图书语言大多浅显易懂。何凯立曾总结道：“青年协会的专题类出版物使用的一般都是白话文和浅文理语言文字风格。然而，有一些关于生活与健康方面的临时性大众知识读物则一定是白话文风格的。”[①] 使用较为大众化的语体是为了适应广大读者的文化水平，改善读者对著作的接受效果，这一点在临时性大众读物只用白话文的例子里体现得尤为明显。服务于现实需要的出版方针促使青年会的图书编辑采用朴实明白的文字风格，这隐约预告了日后白话文与“平民文学”的浪潮。

二 报刊编辑

进入晚清，报章杂志蓬勃发展，成为书籍之外另一种重要的媒体，清末民初报刊的编辑队伍中更是不时可见基督宗教文人的踪影，因此报刊编辑手法也成为探究近代中国江南基督宗教文人文学观念的渠道之一。

沈毓桂是美国监理会传教士林乐知（Young John Allen，1836 – 1907）重要的合作伙伴，不仅参与编辑《教会新报》，而且后来任晚清著名报刊《万国公报》的主编。《教会新报》于 1868 年由林乐知创办，后于 1874 年易名为《万国公报》。《万国公报》后来成为广学会出版的主要刊物，对维新变法思想的传播影响深远。在 1894 年刊于《万国公报》的《辞〈万国公报〉主笔启》中，沈毓桂回顾了自己的报业编辑生涯。

> 余交林君，为之襄理报牍，在林君创行《新报》之五年。……然《新报》编订之初，国事与教事，尚合而一之，而教事较国事为尤重。……无怪乎阅报诸君，意有所偏注。且中西和议既成以后，不独中国与西国交涉之事日增，即西国与西国亦各有交涉之事，迥非昔时可比。新报篇幅有限，势难遍收，自不得不择人所愿睹而登

① 〔美〕何凯立：《基督教在华出版事业（1912 ~ 1949）》，陈建明、王再兴译，第 198 页。

> 之，以快众览，此又易《新报》为《公报》，并多载国事之所由来也。余为林君主张《公报》者，曩时约计五年，一以西报为准，不敢攻讦隐私，存厚道也；不敢颠倒黑白，存直道也；更不敢借之以相倾轧，以自标榜，则以其非循分之道而成之也。……自中历光绪九年之春，暂将公报中止，不再编辑。……如是者五年，西国名流复于沪上会议。……嘱林君暨余仍主报务。……自时厥后，又阅五年，得公报六十册矣。望九衰翁，心血久竭，当即告之林君苦辞此席，至六十一册始，即望聘请鸿儒硕彦，为之主理报务。①

按照这段回忆所言，光绪九年（1883）时沈毓桂已经“主张《公报》”，即担任主编有五年之久。从《万国公报》复刊到登载这则启事时，沈毓桂又和林乐知一起承担了五年的主编工作，他主编《万国公报》的时间合计有十年之久。从文学史角度观察1879年沈毓桂担任主编以后的《万国公报》，可以发现两个变化，一是诗歌所占内容比例明显提高，二是传统文人气息更加浓厚（特别是在《杂事》等栏目中）。《万国公报》主要刊载以下几类内容：京报抄录、政事（以政论文为主）、教事（即与基督宗教有关的内容）、各国近事，以及杂事。大部分诗歌刊载于《杂事》栏目中，还有一些与宗教有关的诗作发表在《教事》栏目里。在沈毓桂主编《公报》后，每期的内容没有明显扩充，而刊载诗歌的数量却有所增加。诗歌所占比例的提高，不仅体现在作品数量的增加上，而且反映于个别例子中编者对内容的取舍。1879年，《万国公报》连载了何如璋的《使东杂咏》，这部组诗记述了何氏出使日本全程的所见所闻。在第一次刊登时，《使东杂咏》前还有一篇《择述〈使东述略〉大义》。在这篇有广告意味的说明性文章里，可知《使东杂咏》出于何如璋记述使日经过的新书《使东述略》。

---

① 沈毓桂：《辞〈万国公报〉主笔启》，《万国公报》1894年第61期。标点略作改动。

其使臣所著诗章，容分日录登《公报》。噫！使臣之闻见新矣，胸次旷然矣。读其诗者，当知日本之佳处俱备于此，何快如之！[①]

《使东杂咏》和《择述〈使东述略〉大义》都刊登在《政事》栏目中。按照《万国公报》的惯例，这个栏目中一般登载论说文，尤其是与时局国事有关的论说文，诗歌则基本不会出现。因此在选登《使东述略》时，散文体的部分应比诗歌更为优先，但实际刊载的情况却恰好相反，由此可见报刊编辑者对诗歌的偏好。此外，在沈毓桂主编《万国公报》后，《公报》中表彰忠孝节义的诗文有所增加。宗教意味淡薄的、记写个人见闻感想或互相唱和的诗文也越来越多地见诸《公报》，如《黄牡丹》《红牡丹》《紫牡丹》《白牡丹》等。选择刊登内容时的道德教化观念和对非宗教题材诗文的日渐宽容，都反映出主编沈毓桂的传统文人趣味。

《青年》、《进步》及后来的《青年进步》是中华基督教青年会出版发行的中文期刊，它们的负责人都是信仰新教的中国籍编辑。《青年》的前身是1897年发行的青年会机关报《学塾月报》（后改名《青年会报》）。1906年，谢洪赉担任《青年会报》副主编。同年2月，《青年会报》更名《青年》。作为上海基督教青年会开展教育工作的一个载体，它首次发行便采取月刊的形式，使用白话文体。后来这份刊物成为中华基督教青年会的机关刊物，主要宗旨是“促进《圣经》的学习和教会服务”。1911年，中华基督教青年会又创办月刊《进步》，其宗旨与《青年》略有不同，“试图用基督教的立场与观点来讨论中国的社会问题，同时又避免与那些对基督教尚不太了解的社会人士形成对立”[②]。1917年3月，《青年》与《进步》合并为《青年进步》，作为青年会全国性的机构刊物，“负有提倡启导之两责任”[③]。《进步》与《青年进

① 《择述〈使东述略〉大义》，《万国公报》1879年第521期。

② 〔美〕何凯立：《基督教在华出版事业（1912～1949）》，陈建明、王再兴译，第107页。

③ 范子美（题名“皕诲”，即范子美之号）：《〈青年进步〉发刊辞》，《青年进步》1917年第1期。

步》的主编均为范子美（1866－1939）。范子美，又名范祎，号皕海，苏州人。5岁时迁居上海，1893年中举，后两次会试均落榜，遂回苏州任教。甲午战争后，先后任《苏报》《实学报》《中外日报》记者，鼓吹新政。1900年，识美国监理会传教士林乐知。1902年，范子美正式加入《万国公报》的编辑队伍，成为林乐知晚年重要的文字助手，同年偕全家受洗，成为基督徒。1905年，清朝废除科举后，范子美筹办《通学报》。范子美曾创办振华学校，并参与林乐知在上海所创办的中西女塾的教学工作达10年之久。1911年，正式加入青年会书报部，担任《进步》杂志主编；1917年《进步》与《青年》合并成《青年进步》后，继续担任主编，直到1935年退休。1924年，曾发起成立“国学研究社”。

《青年进步》主要常设栏目有11个。

通论——位于刊物卷首，刊登总论性文章；

德育之部——刊登讨论宗教、伦理、哲学与道德修养的文章；

智育之部——刊登有关政治、教育和自然科学的文章；

体育与卫生——刊登有关个人和公众体育锻炼、卫生健康方面的文章；

社会事业——刊登有关社会服务的文章；

会务研究——刊登讨论中华基督教青年会宗旨与运作的文章；

经训——刊登辅助学习基督教经义的文章；

本会消息——刊载各国、各地、各校青年会的信息；

记载——刊登国内外时事报道及评论；

杂俎——刊登诗歌、散文（包括笔记）、小说等多种体裁的文学作品。

附录——刊登读者来信和新书介绍。

从栏目设置中可以看出，《青年进步》同青年会的其他出版物一样，都是以全面培养青年、扩大青年会事业和服务国家社会为宗旨。常设栏目刊载文学作品，反映出编者对文学这一文体地位的认可，并且把文学纳入教育青年的手段之中。《杂俎》栏目一般分为三大版块："文苑"、"笔丛"和小说。"文苑"登载诗文，"笔丛"刊登笔记，小说则是每期一篇。从题材上看，这个栏目刊载的内容涉及经学、文学、历史、自然科学等多个领域，寓教于文，启迪青年的意图清晰可见。

在活跃于报章杂志界的基督宗教文人中，王钝根（1888 – 1950）也是尤为突出的一位。王钝根，青浦人，原名晦，字耕培。清末在青浦主办鼓吹反清共和言论的《自治旬刊》。1911 年，应同乡席子佩之邀任《申报》编辑，并创编《申报 · 自由谈》（1911 年 8 月 24 日起出版）。1913 年 9 月起，编辑《自由杂志》，同年年末创办《游戏杂志》。1914 年创办《礼拜六》。1915 年为南社社员。1924 年起主编《社会之花》。王钝根参与编辑的刊物还有《心声》《说部精英》《新上海》《工商新闻》《工商新闻百期汇刊》等。他也是著名的小说家，代表作有《四少奶奶》《红楼劫》，其著作还有《时弊放言》《戏考》等。谢洪赉曾编辑《证道集》，收录中外名人自述信仰基督心得的文章讲稿，其中《王钝根读经之乐趣》是王钝根在上海青年会演讲的讲稿。谢洪赉《证道集弁言》所署年月为"基督降生一千九百十四年九月初旬"①，因此可以确定在 1914 年秋时王钝根仍信仰新教。

而本节将着重讨论 1913 年末创刊的《游戏杂志》和 1914 年 6 月创刊的《礼拜六》。月刊《自由杂志》创办于 1913 年 9 月，仅出两期便告停刊，不久《游戏杂志》就在同年年底创刊，《自由杂志》可以视作《游戏杂志》的前身。在编辑《申报 · 自由谈》时，王钝根已显露出对滑稽文学和"游戏文章"的青睐。在《自由杂志》的序中，王钝根写道：

---

① 谢洪赉：《证道集弁言》，载谢洪赉《证道集》，CADAL 民国书刊主站。

> 或谓《自由杂志》不过一种游戏文字耳，何以能倾动当世如此？且日刊于《申报》者连篇累牍，亦已足矣，又何必杂志为哉？予曰：恶是何言？《自由谈》者，救世文字而非游戏文字也。虽或游戏其文字，而救世其精神也。慨自时局纷乱，约法虚设，所谓言论自由者，孰则能实践之？或徇于党见，或困于生计，或屈于威权。虽有慷慨激昂之士，欲为诛奸斥佞之文，在势有所不能，在情有所不便，乃不得已而托于游戏文字，以稍抒其抑郁不平之气，而彰善瘅恶之义务，亦于是乎尽，此《自由谈》之所以见重于社会，《自由杂志》之创议，所以深荷诸文家之期许也。夫不名《游戏杂志》，而名《自由杂志》，命名之意盖谓忠言谠论论，既不公容于今时，则不得不变其术以求伸言论之自由。有如骨鲠在喉，惟此杂志，可容一吐耳……今者《自由杂志》出版矣，行见词锋所及，贪者廉，懦者立，富贵骄人者自觉其卑，酒色沉湎者，自笑其惑，是则诸文家之愿力入人者深，而亦读《自由杂志》者之慧力，能大澈悟也。苟不然者，其人必为顽梗不化之徒。①

"游戏文章"一说并非《自由谈》的首创，在《自由谈》之前，已有李伯元于 1897 年 6 月创办的《游戏报》。李伯元认为"游戏之文"具有"深意"，"或托诸寓言，或涉诸讽咏，无非欲唤醒痴愚，破除烦恼，意取其浅，言取其俚，使农工商贾妇人庶子，皆得而观之"。② 这篇序言以救世精神和对言论自由的追求为他编辑的"游戏文字"进行辩护，比李伯元所言的个人修养层面的寓教于乐的意义有所超越，将"游戏文字"可以发挥的作用提升到警世救国的社会层面。

《自由杂志》仅发行两期，随后创刊的《游戏杂志》同样要为"游

---

① 王钝根（署名"钝根"）：《自由杂志序一》，《自由杂志》1993 年第 1 期。

② 李伯元：《论游戏报之本意》，载王樊逸《在"救世"与"游戏"之间——王钝根编辑思想刍议》，《苏州科技学院学报》（社会科学版）2007 年第 2 期。

戏文字”正名。编辑爱楼在《游戏杂志》的序中写道：

> 由是言之，游戏岂细微事哉？故游戏不独其理极玄，而其功亦伟。其余如《捕蛇者说》《卖柑者言》，莫不借游戏之词、滑稽之说，以针砭乎世俗，规针乎奸邪也。然此亦非易言也，尽有如香熏斑马，而不能一下游戏之笔者，盖知臣朔诙谐，亦别有过人处在也，当今之世，忠言逆耳，名论良箴，束诸高阁，惟此谲谏隐词，听者能受尽言。故本杂志搜集众长，独标一格，翼藉淳于微讽，呼醒当世。故此虽名属游戏，岂得以游戏目之哉。且今日之所谓游戏文字，他日进为规人之必要，亦未可知也。余鉴于火琯风轮之起点，宗功祖德之开端，而知今日之供话柄驱睡魔之《游戏杂志》，安知他日不进而益上，等诸诗书易礼春秋宏文之列也，是为序。[①]

虽然在同一期《游戏杂志》上，王钝根称“本杂志不谈政治，不涉毁誉”[②]，但以上这则序言能够刊登出来，说明得到了他的认可。从杂志登载的内容来看，显然不是简单的娱乐文字。

《礼拜六》上登载了许多言情小说，但这并不意味着王钝根从此超脱于时事之外。他在《礼拜六》上发布了一则启事，解释自己离开《申报·自由谈》的原因是在中日争端的立场上“主张激昂，与主者意见相左，不得已辞职”[③]。从第 2 期开始，《礼拜六》就时常登载时事小说、社会小说等关注现实的作品。在中国面临重大政治事件时，《礼拜六》旗帜鲜明地做出反应。1915 年 5 月，在日本政府的一再胁迫下，袁世凯政府决议接受日本提出的“二十一条”要求。在此背景下，《礼拜六》上设立“国耻录”专栏，纂辑当时中日争端的相关报道评论，

---

① 童爱楼（题名“爱楼”）：《出版序言》，载王樊逸《在“救世”与“游戏”之间——王钝根编辑思想刍议》，《苏州科技学院学报》（社会科学版）2007 年第 2 期。

② 王钝根（题名“钝根”）：《小言》，《游戏杂志》1913 年第 1 期。

③ 王钝根（题名“钝根”）：《钝根启事》，《礼拜六》1915 年第 44 期。

以求“热心士夫，广为传播，使村农野老，妇人孺子，咸知东亚和平之真相，而亟谋所以自处”①。在一本平常只刊登小说，追求“省俭而安乐”的刊物中插入严肃的时事专栏，足以证明杂志编者王钝根对时局的关心和努力唤醒大众共渡难关的强烈社会责任感。在游戏文字中寄寓强烈的社会责任感和救世精神，以报章杂志“曲线救国”，“游戏其文字，救世其精神”的办刊思想可以说贯穿了王钝根的整个编辑生涯，并且对之后的民国期刊发展也产生了一定影响。

在“救世其精神”的另一面，王钝根所编辑的报章杂志又积极接受和满足大众的娱乐消闲需求。在《自由杂志》中，一篇署名蝶仙的序言写道：

> 就吾人之心理以观天下事物，殆无一自由之可言也。……或曰：文明国之国民乃有三大自由，曰思想自由，曰言论自由，曰出版自由。然予观之果欲取得此三大自由，亦有忧忧乎其难者……至于言论虽不妨于信口开河，然而我之所以有言论者，将以我之意见表示于人也，而人不我听，或且驳而斥之，则我之言论有，亦等于无耳。安所贵乎自由哉。必欲我之言论传达于千万人之耳目，则非出版不可。然而措大家贫，而洛阳纸贵，贳羊裘而籀版，难免破产之忧。向鸡林以求沽，不入覆瓿之选，则又乃之何哉？又何自由之可言也？综言之，果能取得此三大自由者，其人必富且贵焉。吾尝见夫拥多金居高位者，颐可指而气可使。唯唯者罗其前也。人以为是者，彼则可以非之，人不敢于非其是，而亦是其非矣。鹿则可以为马，羊则可以易牛，不可其可，而可其不可。人亦可其所可，而不可其所不可矣……嗟夫诸君！我与诸君不富且贵，安有所三大自由者哉？申报主人起而应之曰：有我，有报纸出版自由。日印万纸，

---

① 王钝根（题名“钝根”）：《国耻录》，《礼拜六》1915年第51期。

风行五洲。许投稿者言论自由，庄谐并录，正谲兼收。若著小说，思想自由，晴天可补，恨史可修，自由自舍此而外又将焉求？[①]

序言的作者围绕“自由”逐步展开议论。他认为“文明国之国民乃有三大自由”，即思想自由、言论自由和出版自由，其中出版自由是最切实、最有意义的，但是真正能完全享受这三大自由的只有“富且贵”者，而且社会上的舆论也往往被这少数人所掌握。面对这种不合理的状况，“报纸出版自由”为“不富且贵”的多数人提供了改变现状、追求自由的空间。这段论述显示出社会中下层文人已意识到近代社会转型时期金钱资本和权力资本对思想文化的制约，并自觉运用新式媒体为广大缺乏金钱与权力的民众争取自我表达的空间。“庄谐并录，正谲兼收”在此与言论自由联系起来，因为言论自由的反面就是由少数人把持的“一言堂”，无论文体文风还是题材内容都单调划一，有极强的排他性。这篇序言还特地指出小说的价值，并给予高度评价，这也与中国传统观念中对小说的轻视大不相同。刊物主编王钝根刊发这篇序言，可见在办刊宗旨和方向上，他的态度也与此文作者基本一致。

在王钝根主办的《游戏杂志》里，这种包容多元的办刊理念更加鲜明。《游戏杂志》的主要栏目包括插画、滑稽文、诗词选、译林、谈丛、魔术、小说、乐府等，内容十分丰富。插画部分有照片、有图画。照片上的人物来自不同的国家和社会阶层，有的是《游戏杂志》的编辑和作者，有的是当时的社会名流，有的是西方的公主，还有的是本地的妓女，此外杂志也登载新剧演员照片及新剧的剧照等。图画则一般描绘滑稽场景。《滑稽文》栏目中多有讽世意味颇强的戏拟之作，其中一部分仿拟他人口吻，如第 1 期的《墨西哥总统致中国总统书》、第 2 期的《拍马屁说（仿韩愈〈杂说〉二）》《吹牛皮说（仿韩愈〈获麟

① 载王樊逸《在“救世”与“游戏”之间——王钝根编辑思想刍议》，《苏州科技学院学报》（社会科学版）2007 年第 2 期。

解〉)》和第4期的《戏拟荀彧上魏武帝遗表》；一部分是借拟人化、谐音等方法评说现实，如第1期的《黄八蛋传》（谐音“王八蛋”）、《无肠公子传》（将蟹拟人化）；还有一部分是记人写情的闲笔，如天虚我生所作的《忆奴小传》（第4期）等。所谓“译林”，异域色彩浓厚，题材丰富、风格各异，有翻译小说，例如则民所译《拿破仑之英魂》（第4期），也有翻译的社会新闻与奇闻，如《航至星球之发明家》（第3期）、《公主当参将》（第4期）、《伦敦之中国博览会》（第4期）等，还有百科知识类的译作，如《世界最古之钞票》（第1期）、《足指甲须格外爱护》（第2期）等。“说部”刊登的小说题材多样，按杂志上的小标题分类，有社会小说、写情小说、侦探小说、警世小说等。“谈丛”刊载了随笔或叙事散文、游记之类的文章。《魔术》栏目有详细的图解，教读者如何掌握简易的魔术。《乐府》栏目有中国传统音乐的乐谱，有戏曲唱词，还有简谱形式的“西洋琴谱”。这些栏目涉及的世俗生活范围异常广泛，包含极大的信息量，可以满足市民阶层多种多样的休闲要求，又有与时事、政治紧密关联的内容，体现刊物的爱国心和社会责任感，充分展现了“庄谐并录，正谲兼收”的编辑方针。《魔术》栏目在《游戏杂志》第1期并未出现，是后来增添进去的新内容，由此可见杂志十分重视读者的阅读兴趣和阅读体验，这与王钝根等民国初年“旧派”小说家对作品“兴味”的强调一脉相承。[①]

在创立《礼拜六》时，王钝根重视消闲娱乐的倾向更加明显。《礼拜六》刊登了大量的言情小说，此外还有不少滑稽诙谐的小说，而针砭时弊的作品相比《游戏杂志》比重则下降。在《〈礼拜六〉出版赘言》中，王钝根写道：

或又曰：礼拜六下午之乐事多矣。人岂不欲往戏园顾曲，往酒

① 参见黄霖《民国初年“旧派”小说家的声音》，《文学评论》2010年第5期。

楼觅醉，往平康买笑，而宁寂寞寡欢，踽踽然来购读汝之小说耶？余曰：不然。买笑耗金钱，觅醉碍卫生，顾曲苦喧嚣，不若读小说之省俭而安乐也。且买笑觅醉顾曲，其为乐转瞬即逝，不能继续以至明日也。读小说则以小银元一枚，换得新奇小说数十篇，游倦归斋，挑灯展卷，或与良友抵掌评论，或伴爱妻并肩互读，意兴稍阑，则以其余留于明日读之。晴曦照窗，花香入坐，一编在手，万虑都忘。劳瘁一周，安闲此日，不亦快哉？故人有不爱买笑，不爱觅醉，不爱顾曲，而未有不爱读小说者，况小说之轻便有趣如《礼拜六》者乎。①

既适应消费者的经济承受能力（“省俭”）和阅读便利（“轻便”），又满足读者追求休闲娱乐的精神需求（“安乐”“有趣”），比起王钝根以前的报刊编辑追求，这样的办刊宗旨将读者群体更具体地设定为市民阶层，并有意地向该阶层的阅读习惯和需求靠拢，“由上至下”的启蒙性质退居幕后，平民趣味走向前台，商业性和娱乐性更加突出。和他的小说创作一样，王钝根编辑报刊所体现出的特色，离不开当时市民阶层休闲生活的影响，带有鲜明的时代色彩。

在王钝根心中，“救世”与“游戏”这两个看似矛盾的宗旨是如何得到平衡的？答案或许只有一个字——“爱”。他对这个字的理解是与自己的基督宗教信仰分不开的。先习孔孟之道，后知基督之义，王钝根曾比较过儒家思想和基督宗教思想。

予自幼读孔孟之书，欣然自满，以为天下之道，莫大于此矣。后与基督教徒游，藉闻博爱之训，乃知耶稣基督之愿力，实较孔孟之说，宏大万倍。盖孔孟之说严乎义，而耶稣之教纯乎仁。鲁论言以直报怨，《孟子》言君之视臣如草芥，臣之视君如寇雠，杀人之

① 王钝根（题名“钝根”）：《〈礼拜六〉出版赘言》，《礼拜六》1914 年第 1 期。

父，人亦杀其父，而耶稣基督，乃为仇敌祈祷，是以度量何等宽大。予故窃愿世界人类，尽为基督教徒，则争权夺地杀人灭族之惨剧得免，而世界得有真和平之一日矣。予又以孔孟之说，但言入世，不言出世，故曰未知生焉知死，子不语怪力乱神，众乃以为人生惟求一世快乐，死后万事都休，更无余望。基督教则不然，以及身之福为小，而以死后灵魂之福为大，故抱此信仰者，能淡于利禄而全力从事于道德。凡人有希望，则有勇往直前之精神，故基督教徒人人抱乐观，不以死为虑，此又孔孟之说所不及者也。①

王钝根介绍基督宗教思想长处时，首先提到的就是“博爱”，其次是“基督教徒人人抱乐观，不以死为虑”。至于如何实现“爱”的宗旨，他认为应从小事做起，从解决现实困难做起。

基督大道首在爱字。或谓我辈人微力薄，不能为博施济众之事，然万仞之山起于土壤，汪洋之海发于细流，吾人但能以爱存心，自可由小及大。譬如本会②同人宜先求其相爱。第相爱云者，非外貌亲热之谓，亦非酒食嬉游之谓，宜从实际上着手。人有不足，我当助之。人有困难，我为舒之。互相提携，互相匡救，斯其成效必有可观。③

这些思想和他在《游戏杂志》上对美国南北战争后友爱互助的赞赏在本质上是相通的，都反映了在基督宗教思想影响下对无私之“爱”的推崇。了解到这一点，或许能帮助人们推测王钝根在编辑报刊内容时的思路：“救世”背后是大爱，既可以是儿女情长、爱乡爱国，也可以是跨越地域、信仰的互相包容；“游戏”虽然琐碎，但也可以为平民大

① 王钝根：《王钝根读经之乐趣》，载谢洪赉编《证道集》，CADAL 民国书刊主站。

② 指青年会。

③ 王钝根：《王钝根读经之乐趣》，载谢洪赉编《证道集》，CADAL 民国书刊主站。

众提供可以负担的娱乐，满足他们奔波一天之后松弛神经的精神需要，不妨视作“以爱存心”下的“由小及大”。由此，在“爱”的统摄下，“救世”和“游戏”顺理成章地并存于王钝根主持编辑的一系列报章杂志中。

第四章

近代中国江南基督宗教文人的文学活动

在文学史上，文学活动也是值得关注的研究方向。文人间的唱和酬答，文学社团或派别的产生发展，作者、编者与书商间的微妙互动，都是明清以来颇有代表性和影响力的现象。西方文明大举涌入的近代，中国江南地区的文学活动十分活跃。就基督宗教文人而言，他们身处一张受宗教信仰影响的文学交流网络，同时保持着与教外人士进行文字交流的可能性。对于新式出版事业中产生的文学交流平台，他们很早便加以关注，并且积极尝试、热心参与。

第一节　受宗教信仰影响的文学交流网络

一　出版物上的文字交流

考察文学交流，一个常用的方法是研究相关人物和书籍的序跋、题词，但是在分析近代中国江南基督宗教文人受宗教信仰影响的文学交流时，使用这种方法会遇到一定的困难。首先，这一群体中的大多数人处在社会边缘，搜集其著作并不容易，史传方志中往往也难寻其生平交游的详细记载。其次，即便可以找到一些基督宗教文人著作的序跋、题词，也很难分辨出其中有多少系具有宗教信仰的文人所撰。一种情况是完全没有与基督宗教相关的表述，序跋、题词作者的宗教信仰也不能一一查实，如王韬自己刊印的《蘅华馆诗录》《遁窟谰言》等。另一种情况是虽有能明确认定为基督宗教文人文学交流的文本，但数量仍然很少，其他作者的信仰同样难以一一确定，例如沈毓桂《匏隐庐诗稿》的11名题词者中，仅龚心铭（1865－?，1938年在世）、陈连（生卒年不详）二人分别署名“教弟”“世教弟”，公开表明自己的宗教信仰，其余诸人的信仰情况尚待考证。因此，本节对序跋、题词的研究主要聚焦其中揭示的文学交流网络影响方式，对具体成员的考察则暂时搁置，待将来于更丰富的资料基础上再做分析。

刘必振（1843－1912）在为自己的小说《烛仇记》所写的序言中回顾了这部作品的成书过程，从另一个角度展示了近代中国江南基督宗教文人间的文学交流网络如何产生影响。刘必振，字德斋，号竹梧书屋侗者，以字行，江苏常熟人，家族世代信奉天主教。1860年，为躲避战乱而来到上海，入圣依纳爵公学就读，并入耶稣会初学院学习。后从陆伯都（生卒年不详）学画，在画馆毕业后曾任土山湾孤儿院图书室主任，并兼任画馆教师。1880～1912年，主管土山湾画馆。刘必振著作有《江南育婴堂记》《烛仇记》等。《烛仇记》于宣统三年（1911）由土山湾印书馆出版。在写于同年春天的《烛仇记》自序中，刘必振自述小说数十年来一直不曾示人，直至光绪中叶，沈则恭听说这篇作品而向自己索读，读后颇为赞赏，并在正文末增补诗歌若干；宣统二年（1910）秋，“二三执友”催促出版手稿，刘氏以文笔不佳推辞，不久“瘦鹤君”便受托润色文字，小说最终问世。这里的沈则恭是当时耶稣会的中国神父，“瘦鹤君”很有可能是邹弢。邹弢号“瘦鹤词人”，年轻时即有文名，光绪二十五年（1899）正式成为基督宗教信徒，初至上海时曾协助耶稣会神父李问渔编辑《益闻录》，因而与天主教耶稣会的教士们可能早已熟识。从刘必振的这段回忆中可以看出，他身边的基督宗教文人对《烛仇记》的成书、出版起了关键性的推动作用：刘必振的写作带有较强的私人性，很长一段时间内都没有将作品发表的打算；知道这部作品的人也不多，很可能局限在与他较熟悉的若干人中，虽然小说完稿已有数十年，序言中提到和该书有关的人只有与他同教会的神父沈则恭、“二三执友”和“瘦鹤君”。在简短的自序中，作者两次说自己“不文”，即文采欠缺，对自己文字功力的不自信应不仅是自谦的客套话，那么邀人润色小说就很可能是鼓动出版《烛仇记》的“二三执友”所为。考察《烛仇记》的文字内容，除了小说本来文字之外，还有沈则恭阅读小说后所撰的七十四首感怀诗，未署作者的若干德育短文，以及耶稣会中国籍神父张渔珊（生卒年不详）注释小说词句的《烛仇记汇注》，可见《烛仇记》最终出版时又经编辑者尽力丰富内容，以增强小说的教育效果。值得一提的是，土山湾印书馆正是在华天主教教会重要的出版印刷机构。《烛仇记》逐步被发现、评点、润色、丰富、出版的过程，似乎和一些教外文人作品的流传情况相近，但两者在动机上至少有一点区别——从动笔到出版，《烛仇记》一直都服从于刘必振的天主教信仰。

除了书籍，报章杂志上也留下许多基督宗教文人切磋文字的记录。晚清中国新式报刊兴起，基督宗教教会（特别是新教教会）很早就积极参与其中，基督宗教文人也因此很早就有机会实现以报刊为中介的文学交流。在这种交流中，在报刊上进行诗歌唱和尤为突出。1869 年，《教会新报》刊登《杭州吕教友和福州王教友诗》，作者是新教杭州长老会信徒吕安德。在诗稿末尾，作者写道：“恭和杨春芳先生七绝十二首，步前韵，录呈斧削。”此处提到的“杨春芳先生七绝十二首”应该是《教会新报》几期前开始连载的杨春芳诗作，由福州美以美会谢锡恩寄送。借助《教会新报》，吕安德虽然身在杭州也可以较方便地读到福州教友的诗稿，并在较短时间内（《教会新报》是周刊）将自己的唱和反馈给杨春芳、谢锡恩和其他广大读者。在吕氏的和诗发表之前，《教会新报》也登载过中国籍新教文人的诗作，但唱和的诗歌却未曾见报。不久，在该报第48期上刊登了宁波教徒张翼卿、汪寄生的《邮赠朱教师杏舟诗序》。朱杏舟（生卒年不详），浙江人，属内地会①，长期在宁波传教，《教会新报》及《万国公报》都曾刊载其稿件。诗前小序写道："杏舟将往广陵宣教，来书作别。用张君翼原韵，亦聊当骊歌一曲耳，工拙所不计也。"再看诗歌本身，以张翼卿赠、汪寄生和的形式出现，虽然也是唱和，但和《杭州吕教友和福州王教友诗》的唱和有所区别：后者是经过两次发稿才得以完成，谢锡恩在寄送稿件时难以预测具体是谁来和诗，张、汪的稿件则完全可以视作为已结束的一场唱和留下的记录。在后来的《万国公报》上，基督宗教文人的诗歌交流仍然不时可见。1879年，该报分别刊登了三篇唱和同一作品的诗歌：《和汉口教友十诫诗原韵七律十一首》（作者"寓广东桂林萧信真"）、《和汉口教友十诫诗原韵七律十首》（作者"金山旅人欧阳泽"），以及《和汉口教友十诫诗原韵七律十一首》（作者"九江美以美会播种子蒋连元"）。从作者所在地区可以看出，受益于大众报刊的广泛传播和快速更新，江南基督宗教文人的文学交流网络也增加了一条迅速扩大和便捷沟通的途径。

除了寄送文学作品之外，基督宗教文人还在报刊上发表文学批评，而这种批评往往带有一定的宗教气息。1869年，《教会新报》刊登了姚茂才的《看西人跑马歌》，这首诗记述了在上海观看外国人赛马的见闻感受。几个月后，《教会新报》刊发《宁波寄来摘录〈广州新报〉内〈西人跨马歌〉论》，作者正是前文提到的朱杏舟。朱氏在议论中不时将对《西人跨马歌》（即《看西人跑马歌》）的评论与基督宗教联系起来。

按圣书云，主造万国，本于一脉，地以居之，时以定之，界以

① 参见杨代春《〈万国公报〉与晚清中西文化交流》，湖南人民出版社，2002，第65页。

限之，欲人求主，庶揣摩得之，而主离我不远。盖我侪赖之而生，而动，而存如尔。作诗者有云："我侪为其赤子焉。"《使徒行传》十七章廿六至廿八节。窃思六合之间，惟一天父，四海之内，皆属兄弟。论其地虽有中西之别，论其人并无畛域之分，盖出于一天父也。余观四月分《广州新报》中青州姚茂才先生之《跨马歌》，读其词清轻秀逸，然内有数句，实大悖乎圣书。其歌云："以人习马马骨平，马惯骑人眼不生。短衣稳坐猕猴精，长鬣浓垂气峥嵘。一鞭倾刻十里程，风驰雨骤送且迎。宛如树上跳鼯鼪，又如烟外流黄莺。"此数句甚有藐视之意。从此推之，余等传耶稣真道，屡遭愚痴人之妄谈。彼云西人之貌宛如猩猩，亦目其道与《西游记》相彷。如此糊言，亵渎救主。余遂剖释之曰："……"吾愿诸公细究真道，信倚救主耶稣之功，始有赎罪之法，庶沉沦永免，同登天域，则万国竟如一家矣。故录是则，请林乐知先生刊列《新报》，望高明者答之。①

依照当时推荐稿件的宋书卿所言，《看西人跑马歌》"言西人之善骑，描摹毕肖"，登报之后，广为传播，"庶令未观西人之跑马于申者，观此亦可想像而得之矣"②；但朱杏舟显然不这么想。朱氏立论的基础是基督宗教的教义，由诗句联想到的是现实传教中遇到的非议和误解，发表言论的目的是引导读者们对"愚痴人之妄谈"加以辨析、驳斥，并通过这一过程得以"细究真道"。他从描写西人骑马的诗句中敏感地捕捉到"藐视之意"，因为其中"猕猴精""鼯鼪"等词都与他曾遭遇的"亵渎救主"之词有相通之处。这样与传教冲突的诗歌令他十分不安，他急切地希望人们能改正对外国人和基督宗教的错误看法。当然，

① 朱杏舟：《宁波寄来摘录〈广州新报〉内〈西人跨马歌〉论》，《教会新报》1869 年第 49 期。

② 《看西人跑马歌》，《教会新报》1869 年第 33 期。

将议论寄送最初登载此诗的《教会新报》，也有批评编者用稿不当的意味。在朱杏舟的文章后面，附有报纸主编林乐知的一段文字。

> 以上四明朱杏舟先生云。所论摘录《广州新报》内《西人跨马歌》之说，本书院主人查：跑马歌系由《教会新报》第三十三次刊出，其歌乃宋书卿先生送来，青浦姚君所做。且报中有云，上海跑马似有赌博之意，不合《教会新报》所印。姑因送歌、做歌者皆非教中人，勉为刊印。而兹朱教友所论，似乎另有见解。余思凡做诗者措词借典，中外国人往往有之，不便与其辩也。若辩诗中不能用者，余略查一二，以解朱教友之疑。如三十次报中曹教友送汤牧师诗内，有“若使我椿今尚在”。椿，树木，中国人尊人父母为椿萱，而曹教友自云“我椿”，岂不是以父为草木乎？又有“重逢问字差堪卜”。问字、卜之意，皆似不合教会也。又三十四次黄筠孙先生送汤教师诗有句云：“赢得梅妻并鹤子”。梅亦草木，鹤非禽而何？又三十九次天津王教友送般教师回国诗有句云：“王母蟠桃正三月”，与圣道又不符也。故既刊出各诗，其诗情深，意皆不必究也，请朱杏舟先生勿议可也。况《跨马歌》皆夸西人灵活有胆意，余无他故耳。但本书院望送诗者亦当留意，做者去其虚浮典故，若圣道诗章，更亦去罔谈之事为要。而圣书中多有此类为譬喻，倘照此议，则圣书亦当生议论也。①

如果说朱杏舟的出发点在“同”，即各国人民皆为上帝子民，不应夸大其区别，那么林乐知的这段回应则立足于“异”，即所谓“凡做诗者措词借典，中外国人往往有之，不便与其辩也”。林乐知认为应该尊重中国人的文字表达习惯，不必过分生硬地用基督教教义和教会规矩加

---

① 朱杏舟：《宁波寄来摘录〈广州新报〉内〈西人跨马歌〉论》，《教会新报》1869 年第 49 期。

以限制。在这场涉及宗教与文学关系的讨论里，参与者已不仅局限于中国人，而出现了外国传教士的身影。朱杏舟激烈的言辞则折射出近代江南基督宗教文人在身份认同上遇到的困难——教外华人对他们的误解与排斥使他们的社交很难突破新教信徒的圈子（当时的新教与天主教也有隔膜），他们的文学交流也因此常局限于与新教教会关系比较密切的报刊；对于本来在教外名声不太响亮的文人来说，这种情况更为常见。

二　社会组织参与的文学交流：以中华基督教青年会为例

文学交流并不限于文字形式，在书面形式的切磋之外，还有多种"有声有色"的文学交流形式。如果有一个较为稳定而完善的社会组织长期举办与文学相关的活动，那么这对改善文学交流环境也有积极的意义。本节以中华基督教青年会在江浙沪地区的活动为例进行具体分析。基督教青年会（Young Men's Christian Association，缩写为 YMCA）由乔治·威廉于1844年创建于英国，是基督教（新教）性质的国际性青年社会服务团体。光绪二十二年（1896），中国学塾基督幼徒会总委办成立，总部设在上海；光绪二十七年（1901），改名中韩港基督教青年会合会，后改名中韩基督教青年会总委办、中华基督教青年会组合，1912年底定名为中华基督教青年会全国协会。中华基督教青年会注重对青年进行全面教育，组织开展多种活动，在青年会发展早期，与文学有关的主要是演讲和设立书报阅览室。一系列新闻消息反映出青年会对这两种活动的重视。

1906年，扬州青年会成立，形式仿效上海青年会。下面一则新闻记录了扬州青年会的基本情况及其创会典礼的全过程。

> 吴剑秋先生来函云：前郭梅君，及各西士等，在扬州创办基督青年会堂。租砖街华瀛书社内房屋，内备各种时务书籍，及各种报章，

任人观览。昨于月之十五早辰，行开会礼。会友会侣，七八十人，唱诗颂扬上帝。午后并有本城官绅，及学堂诸生赴会祝贺。始由会正郭君登坛演说青年会宗旨，书记吴君演说各国青年会情形，次由高等学堂汪君演说青年会益处。当时入会者甚众。刻下扬州风气大开，人皆欢迎此会，至十六七两日，入会赞成者，共有三十多人。……①

这段文字用一句话概述青年会的创办人和地点后，即推出该会所设书报阅览室，特别强调其收藏之新潮与齐全，以及“任人观览”的公益性与开放性。在创会典礼上连续三人演讲，可见演讲是活动的重要组成部分。大约两个半月以后，《通问报》又登出一则扬州青年会的消息。

青年会演说纪事（扬州）

上海私塾改良会之发起人，沈君戟仪，亦上海华人青年会会友也。因公来扬，允本会之请，于闰月三十日午后四□钟，在本会演说堂演说。是日到会者不下四五百人之多。……②

这则新闻里有三处值得注意：第一，演讲者来自上海青年会，体现了不同城市间青年会的交流；第二，扬州青年会有专门的“演说堂”，说明该会早已对开展演讲活动有所筹划；第三，到会人数“不下四五百人之多”，演讲的影响力不可小觑。

同年《通问报》还登载过南京汇文书院青年会的信息，从中可以看出汇文书院青年会不仅以演讲作为开学时迎新会的例行节目，而且把“演讲会”设为除宗教性集会以外唯一的定期聚会形式。

青年会每于开会之始，必设一特别茶会，敬饷新同学诸君，故

① 《青年会之创立（扬州）》，《通问报》1906 年第 199 期。

② 《青年会演说纪事（扬州）》，《通问报》1906 年第 206 期。

有接新委办，筹备一特别茶会，及诸般演讲戏乐。……

青年会之聚会，统分二类：一为宗教会，以敬神讲道为宗旨，有委办主张一切；一为演讲会，以研究科学历史时事为宗旨，有文学委办，主张一切。二者相间轮流集于拜六晚，二委办布置得宜，人皆称善。①

作为中华基督教青年会的机关刊物，《青年》比《通问报》更细致集中地报道了青年会的发展情况。1909 年春，江浙两省（含上海）学塾青年大会在上海举行，会议共三天，每天都安排多人演讲，《青年》随即刊载《江南学塾青年大会纪实》，对该会进行报道和总结。这里摘录会议第三天晚上活动的记录：

晚八时，各使员仍聚原处。先由骆君维廉主理开会，然后请张君锡三介绍本会所刊各种书籍，加以评论，以资采择。后请龚君伯瑛演讲夏令会。龚君先论夏令会之益，并请在座各员历次曾赴夏令会者，起立作证，则赴第一次会者人数最少，以后每次增加，而尤以赴客岁夏令会者为最多，足征此会利益，日益彰明，赴会人员，逐次加增。龚君次述选举使员，及筹款等法，亦均妥切可行，确有见地。加以龚君雅谑不绝，庄以谐出，闻者鼓掌，四座倾到。讲毕议长奚君演讲青年会领袖，修德立身之助力，略谓青年诸君，既负主办会务之重任，当知己身对于全会及学校之关系，虽此二日内悉心讨论，不乏良策，顾有法无人，法终不能独行。有此改良会务之法，尤须有行此良法之人，故愿诸君于平日之生活，力求修养，毋为绊足之石。至敦品立行之方，固不一其道，而究以立志为第一事，次则养成读经及祈祷之习惯，……他如多阅有益书籍（如《精神之教育》、《自助论》、《成功宝诀》、《崇实录要》、《至美之

① 《青年会纪闻》其二（南京），《通问报》1906 年第 235 期。

> 德》、《修德金针》等），常听名人演说，以及广交益友，亦为立德之助，且皆学生时代最便实行者也，诸君幸勉之。讲毕瞿君同庆、李君启藩等，又各蝉联助讲，辞旨殷拳，闻者动容。……①

由上面这段描述可知，青年会把出版事业置于非常重要的地位，利用这场大会的契机专门设置环节，向来自各分支的代表宣传自己的出版物，此外还在演讲中“见缝插针”地推广自己的出版事业，以青年会书报部出版的书籍为例号召“多阅有益书籍”。实际上，除去学生自购，众多青年会分支书报阅览室的订购也是青年会出版物的需求来源。前文曾提到扬州青年会设立免费书报阅览室，而在学校青年会里也有书报阅览室。根据《青年》上的通讯，1912 年，绍兴承天中学堂青年会的智育部设有书报室、演说会，并有专人负责。② 除了购买，青年会也接受赠送的报刊书籍。1915 年，《青年》介绍中央青年会（即青年会在上海的总部）近况时，曾提到外国人的赠书：“近蒙美国友人赠书数十种为特组藏书别室，专为习学干事员之用，盖诸书多系关于创办一切会务之研究云。”③ 在《江南学塾青年大会纪实》里，不仅提到演讲的数量，还描绘了演讲的场面，其中写到龚伯瑛演说时的活泼生动和在场听众的热烈反应，侧面反映出青年会对演说的热情，也令人对这一团体通过演说获得的影响力充满遐想。

青年会通过设立公益性的书报阅览室来服务和吸引青年，在传播知识的同时宣传宗教精神，这种借力文字出版事业的做法完全符合早期在华新教教会的活动特征。马礼逊尚未进入中国内地时就创办中文报刊《察世俗每月统记传》；李提摩太入华传教时曾在贡院门口向参加科举考试的士子们分发传教的小册子；在第一批晚清中文报刊里，《遐迩贯

---

① 《江南学塾青年大会纪实》，《青年》1909 年第 12 卷第 3 期。

② 参见《绍兴承天中学堂青年会近讯》，《青年》1912 年第 15 卷第 8 期。

③ 《中央青年会纪闻》，《青年》1909 年第 12 卷第 9 期。

珍》《六合丛谈》《教会新报》等都是由新教传教士主办。与借助文字出版事业类似，青年会大力推行、次数频繁的演讲活动，在中国的新教教会中也并非个例。在1906年的《通问报》上，有一则上海的教务信息：

基督徒月会（本埠）

基督徒会，于十月初十日，下午四时半，聚月会于延昌里振华学校，聘请范子美孝廉演讲中国教会文学之缺点，并挽救之方法。在会之人，颇为受益不浅云。[①]

新教教徒的聚会邀请教内知名文人演讲“中国教会文学之缺点，并挽救之方法”，不仅是演讲在中国新教信徒中普及的例子，也反映出早在20世纪的第一个十年，已经有为数不少的中国教徒开始关注本土宗教文学的发展。在20世纪初的教会学校（包括女校），演讲已开始成为一种常用的教育形式，常与音乐、体育等结合起来。1906年宁波崇德女校的毕业典礼上，演讲在学生表演的十几个节目中占了将近半数，其间以唱歌、体操等穿插。[②] 对文字出版事业和演讲的重视，是清末民初在华新教教会的特色之一，当时的青年会也充分继承了这些传统。

在不断发展的过程中，青年会组织的活动也日趋丰富。在其机关刊物《青年》刊登的消息里可以看到，青年会的演讲越来越多地和其他形式结合起来，戏剧、电影乃至魔术都曾被用来与演讲配合。1915年的《青年》上有一则记录苏州英华中学青年会成立大会的消息，其中包括一段对大会全过程的叙述。

先奏细乐，由华子才先生宣布宗旨，继由李月峰牧师祈祷，又继潘俊之先生滑稽谈，妙语环生，听者捧腹。既毕，万松源先生演幻术，手法敏捷，观者莫测，亦奇观也。复继以俞恩嗣先生之演

① 《基督徒月会》，《通问报》1906年第226期。
② 参见《给凭志胜》，《通问报》1906年第235期。

说，题曰《青年与三育之关系》。终乃殿以扮演故事，曰《肉券》者，观者莫不眉飞色舞。迨祝福散会，已钟鸣十下矣。①

同样是青年会的成立典礼，1906 年的扬州青年会成立典礼只有唱诗和演讲两类节目，而且演讲部分是三人连续登台发言，而英华中学青年会成立大会的内容设置更丰富，更具感染力。以"扮演故事"压轴也是一个信号，显示戏剧开始受到人们的关注，成为新的兴趣点。1911 年，上海青年会即以戏剧义演的方式筹集善款，戏剧很早就被纳入青年会的活动内容。

五月初四晚，上海青年会同人，悯江皖灾民之流离失所，特开音乐大会，串演《哀鸿血》新剧，颇蒙热心善士，踊跃购券，几至坐无隙地。……②

对于条件略差的青年会分支来说，演讲与其他形式相结合是一举两得的做法。1916 年，《青年》上登出一则学校青年会消息：

江阴励实学校青年会之进步

江阴励实学校青年会设立有年，其中会友七十余名，会中之成绩，甚有可观，如查经部、祈祷部、消息部、经济部，无不各司其职。本青年会每主日晚七时至八时，集会一次，会务与他处青年会大同小异，另设智德体育三部分，每于集会之际，聘请名人演说。各会友俱有尚武之精神，但因经济困乏，因议定每礼拜六，会中将派人往各乡村演影戏乘机布道，筹画经济充本会费用，于阳历十一月二十号，往夏巷演影戏一次，其利颇厚。但愿上主祝福，俾得无往不利云。③

---

① 《苏州英华中学青年会成立大会纪盛》，《青年》1915 第 18 卷第 2 期。

② 《上海琐记》，《青年》1911 年第 14 卷第 8 期。

③ 《江阴励实学校青年会之进步》，《青年》1916 年第 19 卷第 1 期。

定期“派人往各乡村演影戏乘机布道”，将会员的演讲与放映电影结合，也为青年会聘请名人演说等活动提供了资金。

上海青年会之文学背诵会及电影演说会

> 七日晚，上海青年会开文学背诵会，由贝路君背诵莎士比之名著《麦克白传》，到会者有二百五十余人。贝君背诵时，并详为译解，使听者愈能明晰其精义，诚乐事也。又五月二十日晚八时，由中国赴美赛会监督陈兰薰君及沈君等，演说赛会之宗旨，及会场之状况，并演赛会时以活动影片，及会中胜景影片，观者恍如亲历其境，甚为难得。是晚到会者，济济满堂，有八百余人之多，可谓盛矣。①

和这场电影演说会合并报道的还有一场文学背诵会，由主讲者背诵并译解莎士比亚的名著《麦克白》，这反映出在青年会组织的聚会里，出现了引介外国文学的内容，此类活动对提高青年的文学素养有非常积极的意义。

青年会对于文学交流的促进，不仅在于它开展的与文学有关的活动，也在于它能吸引众多青年，并为他们提供了一个稳定和高质量的交流平台。1917 年的《青年》刊登了上海清心实业学校青年会的情况。在刚结束的学期中，青年会共有八个部门。

> 一、查经部。……凡属会员，均入查经。共分八班，甲班用英文《天路历程》，余皆用中文《路加福音日课》，每逢主日上午，自八时半至九时半，一体会集。
>
> 二、论道部。每隔两星期，会集一次，于主日晚间七时半举行，讨论智德体三育，并有关少年之种种问题，由会长主理之。

① 《上海青年会之文学背诵会及电影演说会》，《青年》1916 年第 19 卷第 6 期。

三、服务部。……本基督救人之旨，于校内则看护病人，对外则设义务夜学，以便青年之无力就学者，亦得略受教育。……会员于主日学校一端，亦颇具热忱。其在主日任事者，不下二十余人，有招待外宾者，有教授主日学课者，有在途中吹号以引人听讲者。……

四、布道部。于主日下午率领助讲生数人，往圣贤桥清心分校，及大东门外青年普益社，宣讲圣道，听讲者常有人满之患。孟君又常为露天讲道之举，俾途中行人，得以随时听讲，诚传道之良法也。

五、祈祷部。……

六、游艺兼交际部。……本学期内曾开交谊大会一次，并于国庆日开演爱国新剧，以志庆祝。……

七、阅报部。置办中西应用书籍，及各种杂志报章，期增会员之学识。

八、个人传道部。……①

一个中等学校里的青年会有如此完备的组织和丰富的活动，而其成员只有52名，当时青年会的发展程度可见一斑。又如建立稍晚的上海青年会童子部，不仅有广泛的会员来源，而且提供多种服务：

至童子部会友，分商界学界二等，学界会友，又分本会中学堂学生，及本埠各学校学生。为特别团体会友者，每星期下午或晚间，到会一次，享受健身房、体操、游泳、沐浴、游戏、阅报、听演说等种种权利。②

在上面两个例子中，报刊阅览、演讲、戏剧等与文学有关的活动都

① 《其兴浡焉》，《青年》1917年第19卷第10期。

② 《沪会及童子部征求队之凯声》，《青年进步》1917年第2期。

有所涉及，此外还有教育、体育、卫生、娱乐等方面的资源可以提供给成员。在清末民初中国社会发展还比较落后的背景下，青年会对青年的确有一定的吸引力。

对于促进文学交流网络的建立，青年会还有三个优势。第一，虽然崇尚基督精神，但它吸收的成员并不限于新教信徒，无宗教信仰的青年也可加入，而且信仰新教的成员来自不同差会，这就使其成员来源极为广泛，思想上也丰富多彩。第二，注重会员间的联系交流，并开展多种活动以实现这一目标。在《青年进步》上的《说明中华基督教青年会全国协会之任务》里，时任中华基督教青年会全国协会总干事的余日章明确表示："若夫全国协会之所以立，其与地方城市学校基督教青年会，实为一致，同以三育及社交，造福青年为宗旨，同本救主博爱之精神，牺牲一切，以救济人群为职志。"① 除了特别活动之外，各个青年会往往安排定期的交际、游艺聚会。第三，中华基督教青年会是一个高度本土化的组织。根据《中华基督教青年会第七次大会组合之报告》，1907年青年会有华人干事17人，西人干事31人；1912年，华人干事67人，西人干事71人；1915年，干事中99人为华人，73人为西人。这些数据充分说明青年会不仅规模扩大，而且华人干事的比重逐渐超过西方人，成为举足轻重的一股力量。此外这一报告还指出："捐款为华人担任者，为数甚巨，故各处青年会，皆有自立之企图，除常年经费，全出本地外，所有建筑会所，及协助组合建筑总事务所等捐项，由华人筹集之数，亦颇可观云。"② 从人员构成和经费来源来看，中华基督教青年会当时已有较高的本土化水平；其负责人长期由中国人担任，本土化色彩更为浓厚。青年会开展活动以推动青年间的文化交流，为中国年轻一代进行文学交流和讨论本国文学提供了一个坚实而开阔的平台。

---

① 余日章：《说明中华基督教青年会全国协会之任务》，《青年进步》1917年第1期。

② 《中华基督教青年会第七次大会组合之报告》，《青年》1916年第19卷第1期。

三　教会学校及其社团参与的文学交流：以圣约翰大学为例

除了青年会这类跨地区、跨学校的组织之外，各个教会学校及其社团也对文学交流有一定的促进作用，在此以圣约翰大学为例进行分析。圣约翰大学位于上海，光绪五年（1879）由美国圣公会传教士创建，初名圣约翰书院（St. John's College），光绪十一年（1905）在美国注册并改名为圣约翰大学（St. John's University）。这座大学是西方传教士在中国境内最早建立的高等学府，在海内外享有盛誉。学校面向全社会招生，而在校园生活管理上有一定的宗教气息。至少在书院时期（1905年在美国注册之前），无论学生是否信仰新教，都要参加每天的早祈；学校有自己的校历，逢圣诞节、复活节等宗教节日都会放假。

在圣约翰大学，戏剧活动很早就开展起来。按照1930年该校自编校史，大约在1900年前，校内便成立了莎士比亚研究会，每星期六聚会一次，宣读一种莎翁剧本。此外，学生们还演出戏剧。

> 夏季学期结束，有一非正式之典礼，内有学生演剧。一八九六年，学生会演《威尼斯商人》一剧，此后亦时演莎士比亚诸剧。[①]

另外，根据《申报》的记载，1914年，圣约翰大学青年会演出戏剧为上海孤儿院筹款[②]；1916年，圣约翰青年会学校的学生举行戏剧演出[③]；1918年和1919年，圣约翰的学生也有演剧筹款之举[④]。对校内演剧活动发展的过程，由圣约翰大学毕业班学生自行编辑和筹款印行的

---

① 参见《圣约翰大学自编校史稿》，载熊月之、周武主编《圣约翰大学史》，上海人民出版社，2007，第420页。

② 参见《上海孤儿院谢函》，《申报》1914年11月24日，第11版。

③ 参见《谢券》，《申报》1916年12月19日，第11版。

④ 参见《演剧兴学》，《申报》1918年5月15日，第10版。《记约翰学生分会游艺会》，《申报》1919年8月3日，第11版。

《约翰年刊》曾有详细叙述。

> 中国新剧，圣约翰大学实滥之觞，剧界前辈咸能道之。……独圣约翰大学濡染欧化焉最早。藉欧美大学之惯例。每遇大节如耶稣诞日、孔子圣诞，常演剧以盖欢。其初以学生擅此者寡，教员多与其事者。教员多西人，故剧多西剧，此萌芽时期也。及后喜此者渐众。教员引去变为完全学生之组织，唯皆遇事召集，事后解散，无正式之团体。所演亦多抄集旧剧，无精彩之可言，此过渡时期也。及至1913年，许子渺仙，肄业本校，剧界亦有经验者也，召集同志，研究改革，思有以集其大成。于是有演剧团之社。①

在对演剧团发展历程的叙述里，还穿插着对代表剧目和演员的介绍。

> 潘子公展与仆被举为编剧主任，所编脚本，务求新勉，避雷同，《红泪影》其最著者也。演剧角色，老生有卢天牧，花旦有蔡剑花，小生则渺仙自任之。冒子景玮自北来，时年尚稚，工愁善泣，悲旦中之佼佼者也。红氍初试，誉声载道，是为振兴时代。自一九一三年之后，同志多风流云散，一二留校者，孤掌难鸣。演剧团嗒然无生气者垂三年，是为黑暗时代。及至今岁，以北地水灾，学生发起演剧筹赈，于是有重组演剧团之举。冒子景玮被推为团长，余任编剧，吴君申伯为英文书记，蒸蒸复有生气。遂广招同志，滑稽得聂子锦章，花旦得汪子英实、辛子振祥、周子慧智，老生得吴子遵源、陈子沛然，老旦得陆子仁贵，人才如鲫，各擅其能，极一时之盛。脚本名《鹃血梅魂》，演之于静安寺路夏令辟克大戏院，观者倾城，座为之满。剧为悲剧，冒子去生，汪子去旦，缠

---

① 《约翰年刊·中文部》，1918，载熊月之、周武主编《圣约翰大学史》，上海人民出版社，2007，第303～304页。

绵悱恻，座多泣然者。聂君去恶仆，陈君去狱吏，亦皆上驷之选。观者初不料学生演剧之能传神阿堵至斯也。于是而圣约翰演剧团，蜚声沪渎矣。十二月二十五夜，为耶稣诞期，复有演剧之举……剧名《扑朔迷离》，完全为戏剧性质……咸谓约翰大学自有新剧以来，无此次之尽善尽美也。吁盛矣。殆可称为全盛时代也。[①]

这一叙述止于1918年，而1919年的情形在《申报》一篇对上海学生联合会圣约翰分会义演的报道中可见一斑。这场义演共分七个部分，第一部分是主席报告，其余部分为文体演出。戏剧节目有两个——胡适的剧作《终身大事》和圣约翰学生演剧团自编的剧目《湘兰女史》，分别是第三个和压轴的节目。

（三）喜剧《终身大事》，为胡适之先生杰作。其描写婚姻之不自由，演者颇能体帖入微。……（七）警世剧《湘兰女史》，为圣约翰学生演剧团所排。叙一女子名莺儿，即湘兰女史，寄居婿家，嗣遭忌见逐，遂鬻书画于青楼。其婿留学他邦，恋爱异族，而各不相知。既而因湘兰女史藉胡痴生而开美术展览会于京都，适其婿归国，亦在参观，已不能识。湘兰忽遇一醉汉，知系乱党，遂誓诛此，乃手枪一发，则其婿萧某也。情节离奇，令人难测。演者均能形容尽致，发挥所长。是晚虽风狂雨骤，而观客盈座，约有千人，孙逸仙夫妇均莅止焉。闻此次演剧所售戏券已达三千金，费用仅八百元而已。[②]

从以上几则材料可以看出，圣约翰大学早期的戏剧活动有如下三点特点。首先，戏剧很早就被引入校园，并且受到校方的推动和鼓励；学

---

① 《约翰年刊·中文部》，1918，载熊月之、周武主编《圣约翰大学史》，第303～304页。标点略有改动。

② 《记约翰学生分会游艺会》，《申报》1919年8月3日，第11版。

生在戏剧活动中的主动性逐渐增强。校内最初的戏剧演出以教员为主力，而教员又多为西方人，因而排演的剧目也多为西方戏剧。在戏剧活动不断发展的过程中，无论是在演职员构成还是在剧本的选择和创作上，学生都渐渐占据主流。其次，重视剧本研读与创作。学校里很早就出现了专门研究莎士比亚剧作的社团，这为学生借鉴西方经典戏剧打下了良好的基础。随着时间推移，学生们开始搬演本土剧作，并独立创作、编排戏剧。最后，圣约翰大学的学生戏剧活动突破了学校与社会间的界限，在社会上引起极大的反响，受到广泛的欢迎。在《申报》对圣约翰学生戏剧演出的几次报道中，都提到演出现场观众数量极多，有时观众里还包括孙中山夫妇这样的名人，这些都反映出圣约翰学生戏剧活动的影响力。这一学生活动的意义不仅限于教育层面，从艺术史的角度考察，这是早期话剧在中国传播的实例。通过经典研究和创作实践，越来越多的学生对话剧和话剧文学有了深入了解。学生戏剧演出的巨大影响力具有一定的示范效应，在潜移默化中向中国社会推广话剧，为日后这种艺术形式在中国的普及和中国话剧文学创作队伍的扩大做出了不可忽视的贡献。

圣约翰大学的校园报刊事业也十分发达，历史悠久、内容丰富。1919 年，《约翰年刊》上的《本校出版物小史》对圣约翰大学校内的报刊发展曾有详细的回顾。

> 本校出版物有月刊、年刊二种。月刊名《约翰声》，年刊即名《约翰年刊》。月刊产生最早，距今几及三十年，殆为海上最先出世、最能持久之杂志。年刊出世较晚，且中间颇有间断，……
>
> 《约翰声》之第一卷第一期于 1890 年 3 月出版。现本校图书馆尚存此书。系间月一出，专载英文短篇社论及纪事，出版时以每月二十日，与目下规则无殊。书之形式较现在《约翰声》稍大，惟每期不过 8 页（以下页数即英文一面之谓），盖与今日周刊之新闻

纸相等，售价每期一角，全年五角。至1893年11月号，始改印较小之本，与今之《约翰声》相仿佛，每期扩充至16页，而售价则倍于昔。其后增至四十页，迨至1905年，中文始初次出现。前乎此者，曾有单行之中文报出版四次，以销路不佳，经费拮据，遂作昙花之一现。是年，《约翰声》始中西二部并列，主其事者陈先生海莩、沈先生素存也。然中文部初设所登者大率不出课艺，每期又仅有8页。至1909年始增至20页，盖以与英文抗衡矣。自1912年至1915年，校中师生之作，纷批于中西两部，每期约有六十余页，中西各半，而中文部之进步尤为神速。1916年5月号，中文稿件始分类排列，每期有论说、译述、文苑、笔记、小说、校闻诸门，专登关于政治学术潮流之论文。一概课艺，概部阑入。冀于新出版界中，占一优美位置。至昔日封面，向绘一龙，光复而后迄今日，则有学生工绘事者，作西画一帧以冠之，岁一更换，以新阅者之耳目。正文中插画，多关于本校之照片，每期一帧，印于英文社论之前，此例盖始于1907年云。

最初之《约翰年刊》，发现于1907年，记载本校各班状况及各团体事务，全属英文。翌年即停刊。1915年始继续出版，体例如旧。自是岁有其书，至1917年始假如中文于后方，然仅有十有六页，殊不足以飨读者。1918年扩充至26页，亦分类撰述。至是本校之出版物始称完备焉。[①]

该文还对两刊的运作方式做了说明。

《约翰声》与《约翰年刊》之组织，颇有可言。《约翰声》向例纯由教员部主事，编辑十余人，皆由教员遴选，开会讨论亦由教员主席。至1916年，始改归学生独自办理。大学四年级及中学第

① 《本校出版物小史》，《约翰年刊》，1919。

四年级，各举中英文撰述员二人，举定则集会一次，由此十人中互选一人为总编辑，既复另举额外撰述员四人，中英各二人，又干事员二人，正副各一，职员共有16人。每月开常会一次，由总主编主席。此外尚有三顾问员，则请教员充其任，今日之《约翰声》纯为学生专业，与当日情形迥然不同也。

《约翰年刊》久为纯粹的学生专业，其职员皆由各班职员举出，共分英文、华文、图书、干事四部，每部各有主任一人，又有总主任一人，专司全体进行事宜。职员记有28人，至若顾问员二人，亦有教员担任，与《约翰声》事同一律也。[①]

与戏剧活动类似，圣约翰大学的校园报刊事业也是由最初的教师主导逐渐过渡到学生自主，刊物语言由西文独大转向中西基本平衡。刊物的中文部分虽起步稍晚，但发展速度很快，论说文、诗词、笔记、小说等文类一应俱全，还刊登诗话等文学批评，为学生提供了阅读、实践、发表和评论文学创作的平台。

正如演讲对于论说文发展的意义，辩论不仅培养学生的口头表达能力，而且促使他们重视语言表达的方式技巧；而辩论要求团队协作，共同切磋，则又是演讲所不能及的。早在1898年，圣约翰大学里就出现了演讲辩论类社团“文学辩论会”，不过从圣约翰自编校史稿“对于大学生英文演说及英文作文方面，助力不少”[②] 的评语看来，这一社团在设立之初侧重于英文演讲和辩论。在圣约翰大学学生辩论活动的历史中，1913年是一个重要的年份。这一年，校长卜舫济（Francis Lister Hawks Pott，1864－1947）到苏州参加东吴大学的学位授予典礼后，决定安排圣约翰大学与东吴大学以后每年举办一次辩论赛。东吴大学由新

① 《本校出版物小史》，载熊月之、周武主编《圣约翰大学史》，上海人民出版社，2007，第325～327页。

② 《圣约翰大学自编校史稿》，载熊月之、周武主编《圣约翰大学史》，第420页。

教美国监理会于1900年创办，重视中国语言文化教育，1906年便在校内建立两个辩论团体定期比赛。与之不同，圣约翰大学特别重视英文教育，中文教育则相对较弱，以致后来长期遭社会诟病。这两所学校间的辩论赛，不仅是辩论上的交流，也是两校学生、两种学风的交流。这一校际比赛引起了大众媒体的注意，1915年，《申报》刊登《记东吴约翰两大学之辩论会》，报道两校辩论情形。1917年《申报》上的一则消息，第一次明确指出辩论所用语言为中文：

> 阳历本月十二日（即今日）二时，约翰大学与东吴大学各选代表在约翰开中文辩论会，以建筑铁路与整顿海陆军在今日中国孰为尤急为题，敦请吴稚晖、沈信卿、吴怀疚三君评判优劣。凡有乐于入场旁听者，该校极为欢迎云。[1]

这段文字与其说是报道，不如说是广告。赛事主办方圣约翰大学非常欢迎他人入场旁听，这种敞开门办比赛的态度对于向社会引介辩论无疑是有积极意义的。1918年《申报》关于圣约翰与东吴辩论赛的新闻称两校“每年向有中文辩论竞赛之举”[2]，由此推测，两校每年辩论都是以中文为交流语言，那么这一赛事在促进人们重视、追求中文修辞的层面上，就有了更深的意义。在校外辩论方面，圣约翰大学学生不只参加与东吴大学的比赛，还参与当时江浙两省的大学生辩论比赛，如寰球中国学生会演说竞争会和四大学（沪江大学、之江大学、圣约翰大学及金陵大学）竞胜辩论会。[3] 可以说，圣约翰大学的辩论活动经历了一个在校际交流中逐渐壮大和本土化的发展过程，学生们在参与辩论的过程中也获得了与他人交流修辞、思想与口才的机会。

---

① 《约翰东吴之辩论会》，《申报》1917年11月17日，第10版。

② 《约翰东吴之辩论竞赛》，《申报》1918年5月15日，第10版。

③ 参见《学生会之演说竞争会》，《申报》1917年12月29日，第10版。《记四大学辩论会之结果》，《申报》1919年10月26日，第10版。

圣约翰大学向来注重学生联谊，光绪二十六年（1900）即举办首届同学会，此后同学会聚会成为定期活动，同学会的规模也进一步完备扩大。

> 一九〇〇年（光绪二十六年），校史中有一重要事件发生。即第一次同学会之产生是也。时为一月二十二日，在上海酒馆开会。到者共五十人。此后每年终，皆有同学会年宴。又其后各地皆有同学会支会。一九一四年（民国三年），同学会中产生谘议委员会。对于本校之发展，贡献甚多。[①]

1920年以前，圣约翰大学学生即已成立多个不同类型的同学会。同乡会是最常见的类型，例如1919年成立的约翰粤省校友会，成员为广东籍在校学生，设文学、运动分部。另外也有某一中学毕业生组成的联谊团体，如1917年成立的圣保罗校友会，由就读圣约翰大学的圣保罗中学学生组织而成，以“团结母校同学、增进同学之间的友谊、帮助新入学同学等”为宗旨，组织各种学术交流、文体活动等。[②]

除了在校学生，已经离开校园的校友也在以自己的方式延续和传播圣约翰大学的影响。1918年，毕业的圣约翰校友在无锡创办辅仁中学，办学风格也受到母校的影响，从以下这则新闻中可见一斑。

> 圣约翰同学会在锡创办之辅仁中学校，自暑（原作“署”）假后开课以来，教授有方，校规严肃，颇为有益学子。近日该校拟趁圣诞节假期开庆祝欧战最后胜利大会，准于二十二、三、四三天为庆祝之期，特向沪上赁得初次自外洋运来之最新活动影片，加以文明新剧，临时装置各色电灯，藉为庆祝鼓舞人心。备有观览券，每

---

① 《圣约翰大学自编校史稿》，载熊月之，周武主编《圣约翰大学史》，第420～421页。

② 《约翰年刊》，载熊月之、周武主编《圣约翰大学史》，第319页。

张售小洋两角，聊以补助开支云。[1]

学校在圣诞节前设置假期，反映了办学者的宗教倾向。虽然这只是一个中学举办的庆祝会，但麻雀虽小，五脏俱全——电影是最新的外国拷贝，话剧（文明剧）也是当时的新鲜事物，布置陈设同样新奇，给人的总体感觉非常“洋派”，和圣约翰大学给人们的印象十分相像。从新闻记述中看，庆祝会学生参与程度最高的部分当数“文明新剧”，而这也正是圣约翰大学学生事业的特色之一。经由校友组织的种种社会活动，圣约翰大学的影响力由在校学生进一步扩散至整个社会，从一部分毕业生传递至更年轻的一代代学子，而文学交流也因此获得了更大的平台，并在校友们的传递中获得更长久的生命力。

第二节　报刊、书籍流通中形成的文学交流平台

一　早期书籍出版中的文学交流

随着出版印刷业的不断发展，在近代中国，编辑、读者、出版机构和出版物的数量与晚清以前相比，都呈现出爆发性的增长趋势，报刊、书籍的流通也因而更为活跃。在这种背景下，一个个文学交流平台逐渐形成，它们不仅存在于编者与读者之间，也存在于出版者之间。

所谓“交流”，指的是双向互动，编辑与读者的交流不是单向的编撰或阅读行为，而是有来有往、期待对方回应的一个过程。在早期的书籍出版者中，王韬颇具代表性。王韬是晚清一位非常活跃的出版家，从《弢园文录外编》里的一系列序跋即可见一斑，分析他为之序跋的作品

① 《辅仁中学筹开庆祝会》，《申报》1918 年 12 月 24 日，第 7 版。

来源，可以大致将其文学交流对象归为如下四类。

1. 在日本时结识的友人，如黄遵宪（《〈日本杂事诗〉序》）、小野侗翁（《〈湖山侗翁诗集〉序》）；

2. 在上海结识的友人，如徐古春（《徐古春〈耆旧诗存〉序》《〈汇刻陈节母节孝诗文〉序》《重刻〈徐忠烈公遗集〉序》）；

3. 在广东、香港一带交往的友人，如范季韩（《〈华阳散稿〉序》）；

4. 亲属或来沪前即认识的朋友，如杨醒逋（《〈浮生六记〉跋》）、栗本锄（《跋〈湫村诗集〉后》）。

从这些序跋中可以看出，请王韬写作序跋的人数颇多，有些人还不止一次请他写序。这些人和王韬形成了文学上的交流，建立、维持和利用了与王韬的社会交往联系，其原因或意义不仅在于私人关系或文人王韬的名气，还可能与王韬在出版界所掌握的资源有关。在《弢园文录外编》卷九《〈华阳散稿〉序》里，王韬回顾了自己出版《华阳散稿》的过程：

> 顾君筱樵藏有手钞本，为世所罕觏，特介范君季韩授余，令畀手民，以广其传。余展卷读之，则半皆《西青文略》所有，岂当时《文略》为选本，而《散稿》为原书欤？因即排印以公同好。辛巳仲冬已将蒇事，忽祝融下临，尽为丁甲摄去。壬午春间，思欲重付剞劂，以有歇浦之行未果。中元前后，返棹吴门，回帆香海，秋风起矣，咳疾复作，养疴穗石，觅医禅山，于役道途，岁序已阑，癸未二月之杪，始得断手。[①]

文中的“辛巳”“壬午”分别指1881年和1882年，此时王韬还未回沪定居。有人请他出版书稿，显示出他当时已是较有名声或实力的出版者。除了出版自己的作品集《蘅华馆诗录》《弢园文录外编》《弢园尺牍》，以及自己编纂的《艳史丛钞》等书籍，他还主动寻找可出版的

① 王韬：《〈华阳散稿〉序》，载王韬《弢园文录外编》，第225页。

选题。光绪十一年（1885），他编辑刊刻了已故挚友蒋敦复的《啸古堂诗集》，笔者所见版本分两册，每册各四卷。在诗集前四卷的序言中，王韬写道：

> 赭寇之乱，君避居余城北寓庐，前后两年。戊午以后，踪迹稍疏，然犹时袖所作出相质证。故余处多有君未刻诗词藏于行箧。君诗前四卷为友人醵资助刊，早经问世。①

后四卷的序言中，他又说：

> 剑人后四卷诗为咸丰乙卯年所刊，亦由友人醵赀助剞劂费，板藏萝溪陈氏，当时刷印甚少，世罕见之。闻遭兵燹，已付劫灰。②

“剑人”是蒋敦复的字。这两段序言或介绍自己藏有蒋敦复未刻诗词，或叙述蒋氏已刻诗集今已难寻，其实都在暗示王韬刊刻之《啸古堂诗集》的优越性，同时也反映出他在选择出版对象时的自主性。同年，他还刊印了友人许起（字壬瓠）的《珊瑚舌雕谈初笔》。在序言中，他写道：

> 壬午，自粤归吴，倚棹阖闾城旁，系缆天随祠畔，重登椒华堂与壬瓠相见。呜呼！此别盖苒苒二十有一年矣。……壬瓠出示其所作诗文杂说，等身著述，皆得自离乱之余，远别以后，壬瓠于是乎传矣。杂说中有《珊瑚舌雕谈初集》八卷，皆纪平日之见闻，述迩年之阅历，足以佐谈屑，涤襟尘，藉下浊酒数斗，《淞南闲录》、《砚北丛钞》，当无多让。卷中有及鄙人者，奖誉溢分，殊不敢当，拟事刀削，屡请不获，然亦足以见我两人心隔万里而相思，面睽廿年而不改，情深谊重，希古烁今，为可感已。今年先立夏一日，余至甫里，重上先人邱垄，下榻于看山读画楼中，翦灯话旧，瀹茗论

① 载蒋敦复《啸古堂诗集》第一册，清光绪十一年刻本。
② 载蒋敦复《啸古堂诗集》第二册，清光绪十一年刻本。

文，重续三十年前景况，致足乐也。因命钞胥者写副本，五日而毕，携申浦，以活字板排印。[①]

在这段叙述中，王韬作为出版者的自主性更加明显。如果没有一定的物质基础，这种自主性是很难支持的。此外，虽然在序言中谦逊地表示书中对自己的描述往往有过誉之处，他却在编辑时多次加入自己的附注，如《孙小虎墓砖》记述许起收藏孙小虎墓砖并征求题咏，后来墓砖被人窃去的往事。在故事最后，作者写道："今广文颇似五凤砖，亦杳不知其所之矣。"这句后有双行小注："韬附注：时余方客粤。戊辰、己巳，往游欧洲。"又如《压虎子》一篇，附录官员劝谕。在劝谕文字之后，又有批注："韬附注：此谕颇能以正理自持，不愧为读书官。中丞有令子曰元侠，于诗文能自成一家言。"[②] 在这样的附注里，王韬不仅完成了与该书作者的交流，也获得了"现身"与读者对话的机会。

二　报刊上的编读交流

具有一定的出版实力，意味着从最初挑选作品出版开始就有较大的自由，可以在编辑出版的全过程中尽量贯彻自己的意图，王韬就是一个突出的例子。类似的还有主编报纸的文人，如《益闻录》和《汇报》的李问渔，《青年》的谢洪赉和《青年进步》的范子美。不过拥有此类条件的人毕竟是少数，对于余下的大部分人来说，他们还可以向报章杂志投稿，寄希望于自己的文字被编者采纳。

在报章杂志里，最常见的一种编读交流存在于投稿—用稿关系中，有时候是读者投稿—编辑回应，有时候是报刊征文—读者投稿，此外也

① 王韬：《序》，载许起《珊瑚舌雕谈初笔》，弢园王氏清光绪十一年木活字本。

② 转引自《珊瑚舌雕谈初笔》，《孙小虎墓砖》《压虎子》篇结尾的附注，弢园王氏清光绪十一年木活字本。标点为笔者所加。

有这两种基本形式重叠的情况。在《教会新报》《万国公报》《益闻录》等较早创办的中文报刊中，读者和编者关于刊物内容的交流往往不会被归入单独设立的“编读往来”类版块，而是以“读者来稿—编者附识”的形式出现在刊物里，如上节所举朱杏舟与林乐知围绕《西人跨马歌》（《看西人跑马歌》）展开的讨论。在另一些刊物中出现了专门的“编读往来”类栏目。中华基督教青年会创办于1917年的期刊《青年进步》各期设“附录”部分刊登读者来信，同时介绍新书消息，将编辑和读者的交流最集中登载于此。

晚清中文报章杂志很早就注意运用征文这种形式与读者交流。1869年，《教会新报》曾登出广告《请做文论》，进行命题征文。

> 兹本书院主人思欲拣选圣书中之句为题，请为中国教师以及能文教友依题或论或文，即如中国考试经书文章之作法，四股八股亦无妨。先请寄上《新报》，后则于《新报》中择出，印成圣书之文每文系每处每人所作……计开圣书十题：一系神，二系罪，三系律法，四系赎罪，五系悔，六系信，七系更生，八系救，九系仁，十系福。妄出十题，不拘一人全做，或随人之高兴，做一题二题均可，非敢考试中国各会教师教友，惟望随其喜乐为之。①

广告不仅征文，也征集命题。

> 或有各处教友，亦可于圣书中出题，送至上海，刊入《新报》，再请各处随意论文。②

从之后《教会新报》的内容来看，符合以上要求的诗文确实有所增加，这也可看作是征文效果的体现。

---

① 《请做文论》，《教会新报》1869年第49期。

② 《请做文论》，《教会新报》1869年第49期。

1895 年 5 ~6 月，《申报》、《万国公报》和《教务杂志》（*The Chinese Recorders*）上刊登了美国传教士傅兰雅（John Fryer，1839 – 1928）的小说征文启事。这里引用《万国公报》上的征稿原文。

求著时新小说启

窃以感动人心，变易风俗，莫如小说推行广速，传之不久，辄能家喻户晓，气习不难为之一变。今中华积弊最重大者，计有三端：一鸦片，一时文，一缠足。若不设法更改，终非富强之兆。兹欲请中华人士愿本国兴盛者，撰著新趣小说，合显此三事之大害，并祛各弊之妙法，立案演说，结构成编，贯穿为部，使人阅之心为感动，力为革除。辞句以浅明为要，语意以趣雅为宗，虽妇人幼子，皆能得而明之。述事务取近今易有，切莫抄袭旧套。立意毋尚希奇古怪，免使骇目惊心。限七月底满期收齐，细心评取，首名酬洋五十元，次名三十元，三名二十元，四名十六元，五名十四元，六名十二元，七名八元。果有佳作足劝人心，亦当印行问世，并拟请其常撰同类之书，以为恒业。凡撰成者，包好弥封，外填名姓，送至上海三马路格致书室。收入发给收条，出案发洋，亦在斯处。英国儒士傅兰雅谨启。①

这次征稿的评定结果可以见于 1896 年《万国公报》上署名“格致汇编馆英国儒士傅兰雅”的《时新小说出案》。

本馆前出告白，求著时新小说，以鸦片、时文、缠足三弊为主，立案演说，穿插成编，仿诸章回小说，前后贯连。意在刊行问世，劝化人心，知所改革，虽妇人孺子亦可观感而化，故用意务求趣雅，出语亦期显明，述事须近情理，描摹要臻恳至当。蒙远近诸

① 傅兰雅：《求著时新小说启》，《万国公报》1895 年第 77 期。

君揣摩成稿者，凡一百六十二卷。本馆穷百日之力，逐卷披阅，皆有命意。然或立意偏畸，述烟弊太重，说文弊过轻，或演案希奇事多不近情理，或述事虚幻情景每取梦寐，或出语浅俗，言多土白，甚至词尚淫污，事涉狎秽，动曰妓寮，动曰婢妾，仍不失淫词小说之故套，殊违劝人为善之体例，何可以经妇孺之耳目哉。更有歌词满篇俚句道情者，虽足感人，然非小说体格，故以违式论。又有通篇长论，调谱文艺者，文字固佳，惟非本馆所求，仍以违式论。然既蒙诸君俯允所请，惠我嘉章，足见盛情有辅劝善之至意，若过吹求，殊拂雅教。今特遴选体格颇精雅者七卷，仍照前议酧以润资。余卷可取者尚多，若尽弃置，有辜诸君心血，余心亦觉难安，故于定格之外，复添取十有三名，共加赠洋五十元，庶作者有以谅我焉。姓氏润资列后：

〇茶阳居士酧洋五十元　詹万云三十元　李钟生二十元　青莲后人十六元　鸣皋氏十四元　望国新十二元　格致散人八元　胡晋修七元　刘忠毅、杨味西各六元　张润源、牧甘老人各五元　殷履亨、倜傥非常生各四元　朱正初、醒世人各三元　廖卓生、罗懋兴各二元　瘦梅词人、陈义珍各一元半〇

按其余姓氏并无润笔，《公报》限于篇幅，不克备登。[①]

傅兰雅的征文虽然未收到预期效果，不过在报刊上发布征文广告的交流形式却一直延续下去。1907 年，《通问报》刊登了一则公告：

作《五更钟》序文题词者鉴

本馆前登之《五更钟》小说于告毕时，曾登有征文告白，一时海内同志赐以序文题词者，不一而足。兹已录取三名，计开如下：冶邑守拙山人序文，凤山邵宝亮先生序文，徽州昨非生题词。

① 《时新小说出案》，《万国公报》1896 年第 86 期。

以上三君，务祈速将现在住址及真实姓名寄交本馆，以便以彩物奉寄也。其余诸稿，实因限于篇幅，未能一一录用，统希鉴原。然诸君之高谊厚情，本馆仍感激不尽也。[①]

从这则广告中可以知道，《通问报》不仅连载了陈春生的小说《五更钟》，而且在连载结束时还发布征文启事，为这部作品征求序文题词。这种做法一举多得，可以使《五更钟》刊登完毕后仍能吸引人们的注意力，扩大小说影响，也为这部作品即将出版的单行本提前做了宣传。《通问报》由美南长老会传教士吴板桥（Samuel Isett Woodbridge，1856－1926）创办，刊载教会消息等内容，宗教立场十分明显；陈春生的《五更钟》是一部宣传基督宗教的小说，大力推广这部作品对于传播新教也有积极的意义。从入选者署名里的地名来看，都不在江浙沪地区，可见《五更钟》借助报刊媒介获得了地域分布极为广泛的读者群，而《通问报》上的征文广告征集读者们的读后感言，也客观上促成了一次以上海（陈春生的工作地）为中心而又不限于上海的文学交流。

以上所举几次征文都是由外国人主导，这与早期中文报刊大多由外国人主办的情况是一致的。在华人逐渐加入报刊编辑核心团队的过程里，由中国人发起的征文也更多地见诸报刊。1916 年，《青年》刊登了一则征文消息。

征文揭晓

两浙人文之优秀，既冠全国，而欧美新学之输入，尤早于他省，地灵人杰，江南第一，洵不诬也。杭垣学校林立，莘莘学子中，不乏特达之青年。杭州青年会欲藉文章会友，以贴其抱负之志也久矣，爰于五月间，订就简章，征求论文，以“服务社会”四字为大标题，已诸前报。乃浃旬间应征者竟达数十人，鸿篇巨制，

① 《作〈五更钟〉序文题词者鉴》，《通问报》1907 年第 266 期。

美不胜收，而其中为评定员所共欣赏者，尤以杨君贤江、郑君文同、章君埏三人为最优。揭晓后，按次赠奖，以符定章。外此不忍割爱者，尚有周君其钟、徐君乃润、沙君岵、陈君之亚、陈君士元、傅君焕章、陈君楼、朱君辉、朱君芳尧、方君天麟、汤君蔼吉、朱君毓魁等十二人，均赠全国青年会协会所著关于社会服务论文十数种，聊作投琼之报，而为洋溢之助云。①

征文的发起者杭州青年会虽然有新教背景，但此时已主要由中国人管理。1917 年的《青年进步》上曾刊登一则卫生教育联合会征文的获奖文章，文章前还有一则说明。

卫生教育联合会，为中华医学会、博医会、中华基督教青年会，联合而成。近以欲引起全国学子注重公众卫生，研究改良之方法，特悬奖征文。计收得应征者共三十七卷，由吴君板桥、聂君云台、周君逵、来君嘉理及不佞五人阅看，均核分数……亟为付印，以贡社会。皕诲记。②

中国人参与发起的征文活动日益活跃，从一个侧面反映出基督宗教文字事业的本土化趋势。

三　出版者间的联系和合作

有时，编辑与读者的交流中还会涉及其他报刊书籍，下面读者向编者求教的这则编读问答就是一例。

上海江君问曰：近来出版之杂志，以何为佳？

---

① 《征文揭晓》，《青年》1916 年第 19 卷第 7 期。

② 《论中国卫生之近况及促进改良方法》，《青年进步》1917 年第 3 期。

答曰：现有之杂志种类颇多，人之眼光各异，选择自难强同。鄙意商务印书馆之《东方杂志》似尚普通，盍试阅之？[①]

下面这则编读往来，读者提出建议，而编者也欣然采纳并回复。

前读贵杂志，琳琅满目，可谓首屈一指。尚乞将以前之报，重印数千份，俾国人皆得领教。再记载之愈佳者，可另印单行本，廉价出售。如《少年耳目资》，可于年终汇刊。他如第九卷《健康上之胜利术》，及《家庭胜利》等，凡有益世人之作，皆可另印便于带携之小册，而寒峻亦易购阅。此似有合于主爱人之道，不知贵社以为何如？成都黄树玉。

展诵雅言，具佩伟见。编辑人顷已将历年发行《进步》、《青年》二杂志，撷其菁华，汇刊一册，名为《少年弦韦》，约在阳历四月间出版，谨以奉闻。[②]

引文的后一段是《青年进步》编辑对读者黄树玉的回应，从中可知该刊十分关注读者的意见建议，并在实践中积极采纳。在编辑和读者的互动中，双方都有所收获：在交流中，读者既可以得到自己所需要的信息，又多了一条展现自我的渠道。对编者而言，这一过程不仅可以更淋漓尽致地表明和贯彻自己的编辑立场，培养自己的读者，也帮助他们迅速了解广大读者对刊物的回应，方便调整出版内容和运作方式。编读往来实质上成为一种双向模铸的过程，互动双方都在其中自觉或不自觉地发生着变化。

报章杂志上常刊登以报刊名义介绍、评论其他书报的短文，这为探究出版者之间的交流提供了一条路径。一些广告形式的短文在感谢赠书时糅入了介绍书报的内容，如 1906 年《通问报》上的《惠书鸣谢》。

---

① 《答问》，《青年》1916 年第 19 卷第 2 期。

② 《本社通讯》，《青年进步》1917 年第 1 期。

昨蒙商务书馆，惠赠《最新初等小学国文教科书》全部十册。是书由单简之字，以至造句成文，章法整齐，兴味焕发，最合儿童脑力，已经学部审定，认为国文通用之善本，其价值无俟赘述。

又《立宪纪念》一册。是书乃摘录该馆新辑之《高等小学国文教科书》第一册之前数课，首冠立宪之上谕，次论宪政之制度，与立宪之方法，殿以《庆祝立宪歌》四首，诚国民必读之要书，学堂必备之功课也。如内地各学堂欲观此书者，请以邮票二分，寄至上海棋盘街商务印书馆，该馆即以此书一册奉赠。（如在五册以外，每册邮费一分。）

又《新译日本法规大全》样本诚政法中之巨制也。合志数语，以鸣谢悃。[①]

感谢赠报的启事如：

昨蒙通学报馆，惠赠《通学报》第一第二两册。是报内容论说、科学、历史、政学、数学、语学、英文、时事等门，均为时下学界极不可少之问题。旬出一册，全年出报三十六册，报资六元，邮费在内。

又青年会惠赠《青年》报正二三月份报，各一册，内容论说、卫生、经学、时事、教务等门，而其宗旨，在于培植少年子弟，以德育为主，智育体育为辅。月出一册，暑假停二期，全年出十册，报资五角，诚青年人不可不读之报。合志数语，以鸣谢悃。[②]

上面两则启事都以《通问报》名义发表，而实际上是为受赠的书报做了广告。从启事的内容中可知，书报的出版者主动向其他报刊赠送自己的产品，冀望借同行们的推介提高其声誉，打开市场。在这类广告

① 《惠书鸣谢》，《通问报》1906 年第 224 期。

② 《惠报鸣谢》，《通问报》1906 年第 196 期。

中，也出现了文学类图书的身影。

赠书志谢

本馆屡承商务印书馆惠赠《莎氏乐府本事》、《学校游艺画》、《中国伦理学史》、《高等小学女子修身教科书》第三四册、《初等小学女子国文教授法》第七册、《初等小学简明修身教授法》第五册、《林纾评选船山史论》、《盖氏对数表》、《泰西五十轶事》、《中学矿物界教科书》、《英语学初桄》、《馨儿就学记》、《改订中学植物新教科书》各一册，皆详明切当，有裨少年学业之作。特揭数言，并表谢忱。①

引文提到的书籍中，《莎氏乐府本事》是莎士比亚戏剧故事集，对莎翁剧作有一定的普及作用。凭借向各报刊赠送书报，在对方的致谢启事中获得宣传的手段，为更多的文学类（或刊登文学作品的）出版物争取到了引起读者关注的机会。

在以上三个例子里，发表答谢启事的报刊还显得较为被动；在更多的情况下，报刊会更为主动地评介其他出版物。《礼拜六》没有定期的新书（报）介绍栏目，但有时会刊登对其他报纸的宣传，如下面这则《介绍演说报》。

武进程伯葭先生，创办《演说报》于上海之卡德路三年矣。言论正直，不畏权势，激发国耻，劝用国货，苦口热心，远非鼷鼠报纸所可及。然以地处偏僻，上海人士鲜有知者。钝根惜其湮没，敬为介绍于爱读《礼拜六》诸君。此报纯用白话，简捷痛快，妇女幼童以及工商军界之求通文理者俱能读之。诸君热心通俗教育，当必乐为揄扬报价。每日每纸一分，社设卡德路五百六十九号。钝

① 《赠书志谢》，《青年》1911 年第 13 卷第 12 期。

根丁悚谨启。[①]

王钝根是《礼拜六》的创办者，丁悚是他报刊编辑事业上的长期合作伙伴，二人对《演说报》的推广，足以被看作《礼拜六》杂志的行为。还有一些报刊设有定期的书报介绍栏目，从中可以一窥当时出版界的情形。最晚在1909年初，《青年》就专门留出篇幅，长期介绍新见书报。按出版者分类，《青年》介绍的出版物中，比例最高的是青年会书报部（后改名为青年协会书局）出版的书籍报刊。这一点不难理解，因为《青年》本身就是由青年会书报部（青年协会书局）编辑出版的。其余出现在这一栏目中的出版者大多与新教教会有关，有些是地方教会及其成员，如《新民报》由河南卫辉府长老会王士瑾、胡庭璋创办[②]；有些是新教教会主办的出版发行机构，如美华书馆[③]；还有出版机构虽相对独立，但与教会仍有间接联系，如商务印书馆。商务印书馆创办人夏瑞芳、鲍咸昌、鲍咸恩、高凤池等都曾在新教教会主办的墨海书馆工作，是在上海的新教教徒。英文编辑邝富灼是青年会干事，同样信仰新教。主持《青年》的谢洪赉与商务印书馆关系密切：他的父亲谢元芳与鲍咸恩的父亲鲍哲才是崇新书院的同学，他的妹妹是鲍咸恩的妻子，他的弟弟谢宾赉一直为商务印书馆工作。谢洪赉本人为商务印书馆翻译、撰写和编辑多种书籍，其中1898年发行的《华英初阶》是商务印书馆的第一部出版物，面世后畅销不衰，为商务印书馆的早期发展做出极为重要的贡献。1903年10月，谢洪赉成为商务印书馆的股东。[④] 从所推介书报的出版地来看，出版者分布于全国各地，如下文的《新见之报章三种》。

---

① 王钝根（题名“钝根”）、丁悚：《介绍演说报》，《礼拜六》1915年第59期。

② 参见《新刊介绍》，《青年》1912年第15卷第8期。

③ 参见《新刊绍介》，《青年》1910年12卷第10期。

④ 参见邹振环《谢洪赉及其基督教著述》，“经典的翻译与诠释”国际学术讨论会，上海，2006年6月，第205～208页。

《医学报》。上海中国医学会发行，丁福保君编辑。每月二次，每期三大张，共分十八叶。报内多通俗之卫生论说，人人宜读。

《纲纪慎报》。粤省纲纪慎公会之机关，每年一册，计四十余叶，内容丰富。主笔谭衮卿、劳达堂、张振英诸君。每年报资三毫。

《晨星》。烟台马茂兰先生发行，袁景奎君主笔，每二星期一次，二大张，附有小张。全体官话，内容为诗歌、讲义、教会新闻、世界新闻等。去年秋季开始出版，每年报资六角。[①]

三种报纸发行于不同地区，体现出《青年》推介报刊涵盖的地域范围之广。不过总体上看，上海仍然是出版者最集中的城市，这也反映了江南地区在当时中国基督宗教文化出版事业中独占鳌头的辐射力。考察《青年》推荐出版物的内容，基督宗教出版物比重最大，德育、科学、历史、卫生体育等内容的出版物数量也很多，充分体现了青年会以基督精神激励青年、重视德智体三育的活动方针。新教在华教会向来重视文字事业，一些教育读物本身就有一定的文学性。在《青年》介绍的新书中，就可以看到前文曾分析过的《后进楷模》[②]，此外还有一些小说。

《钮子记》家庭小说之一种也。在潍县美国狄女士译著。（官话，价一角，美华书馆寄售。）

《西史通俗演义》通问报馆最近出版之家庭小说也。以十童子之生平支配西方数千年之历史，可补学校教科之不及，非徒寻常说部比也。价洋二角，发行同上。[③]

在向读者推介的报章杂志中，也不乏登载文学作品的例子。前文所

① 《新见之报章三种》，《青年》1910 年第 13 卷第 5 期。
② 《新刊介绍》，《青年》1912 年第 15 卷第 8 期。
③ 《新刊绍介》，《青年》1910 年 12 卷第 10 期。

引《新见之报章三种》里，明确提到《晨星》刊登诗歌。又如天津南开学校的《青年》杂志：

> 天津南开学校基督教青年会近刊行杂志一种，名曰《青年》，内容有论说、证道、格言、记事、游纪、风土、杂俎、译丛、文苑、小说、报告、附录等十余门。材料丰富，文词优美，实可谓为学校青年会关机报中之别开生面者。……①

按照这段文字的描述，南开学校的《青年》杂志涵括多种文学体裁，取材广泛、注重文辞。可以想见，这份刊物为南开学校学生的文学交流提供了平台，而《青年》的推广将提高它的知名度，帮助它走出校园，与更多地区、学校建立联系。

综上所述，报刊、书籍的流通情况往往与编辑、出版者的社会交往、社会资源紧密相关。在读者与编辑的交流中，双方的关系不再是传统的信息发布者与接收者的关系，而显现出互相问询、互相调整的特征。出版者之间也不仅是竞争，更有密切的合作。依托有一定影响力的媒体，不同地域的最新出版物得以集聚一堂，读者一刊在手便可知各地的书报动态；人们在遍览书报信息后各取所需，则又实现了“分流”消费者的效果。在由报刊、书籍流通支撑的交流平台上，不乏文学性较高的出版物；它们的存在感在纸质实物与各方反馈的流动中不断拓展，文学交流也随之延伸。

① 《新刊绍介》，《青年》1917 年第 19 卷第 10 期。

第五章

近代中国江南基督宗教文人的文学史地位与影响

基督宗教文人在文学翻译、文学创作和文学理论与批评领域都留下了自己的足迹。在编辑书报的过程中，在以报刊为媒介的切磋中，在各种社团组织的推动下，这一群体展露了自己的文学才能，培养并吸引了更多人参与。尽管这一群体的文学观念和文学实践存在着各种不足，他们在当时文学界仍然具有一定影响力。当人们考察中国现代文学史上的作者、作品及文化资源时，近代中国江南基督宗教文人在中国文学史上曾发挥的作用便明晰地浮现出来。

第一节　近代中国江南基督宗教文人在文学界的成绩与不足

在文学翻译方面，近代中国江南基督宗教文人在当时有明显的优势：比起外国传教士，他们在对中国语言和文化的理解和掌握上有先天的优势；和同时代的大多数中国人相比，他们有更多机会，也更早接触外国的语言文化。在翻译与基督宗教相关的作品时，有文学色彩的翻译早已有之，其中也有中国江南基督宗教文人的手笔。在近代中国江南基督宗教文人的翻译过程中，出现了多个中国近代翻译史上的“第一次”，使中国读者得以接触重要的外国文学作品。就翻译水平而言，相当一部分译作文字动人，主动借鉴、吸收中国传统文学的表达方法，其中一些译作还受到其他文学家的赞扬。这些作品发行广泛、流传不衰，在今天看来也是值得称道的。另外，在近代中国早期翻译理论与批评中，中国江南基督宗教文人的言论非常值得注意。这一群体很早就有人意识到并肯定翻译的重要性，这与他们所受的教会教育不无关系——除了得以较早阅读翻译成中文的外国著作（主要是宗教著作），还有相当一部分人接受了较好的外语教育，有一定的外国文学欣赏能力，因此更能精细比较原文与译作的异同，有针对性地对近代中国翻译发表意见建议。

随着基督宗教在中国的传播，相关的新文体也输入中国。赞美诗在晚明就已进入中国，并且很快就出现了本土化作品：中国天主教徒吴历（1632－1718）创作宗教音乐集《天乐正音谱》，其中包含赞美诗歌词。赞美诗于清末民初时期大量结集出版，这些中文赞美诗中，既有文言文和官话，也有方言土白。赞美诗出版的繁荣引起了中国基督宗教信徒对这种新文体的关注并推动了相关研究，在相关的议论中可以看出运用中国传统文学观念指导外来文类发展方向的努力。一些中国信徒创作的祷文在报刊上发表，围绕祷文展开的文学批评也陆续出现，为这一新文体的推广和这类作品的不断进步贡献力量。与基督宗教相关的新文体在近代中国生根发芽，逐渐成长，离不开本土基督宗教文人的积极参与。在将新文体本土化，引入中国文学的过程中，近代中国江南基督宗教文人十分注意借鉴中国古代文学审美传统，这种保留民族传统的意识在今天也有一定的启示意义。

同样与基督宗教文化在中国的传播有关，在近代中国江南基督宗教文人的文学创作与评论里，出现了具有宗教气息的新内容、新题材。

《圣经》故事与人物成为众多诗歌的典故来源，论说文作者也将论据的范围扩大至基督宗教典籍中的记载和观念，将《圣经》故事和基督宗教教义写入小说。相应地，为了适应表达需要，这些新内容也出现了新的词语。在诗歌方面，有关基督宗教的吟咏继明末清初后重新呈现数量增加的趋势，这类题材在近代中国诗坛上仍是具有新意的。一批基督宗教色彩浓厚的小说也在中国的宗教小说中开辟出新的题材。

在输入新知识方面，近代中国江南基督宗教文人也做出了不懈努力。仅就文学而言，经过他们的译述，对西方作家、作品、文学理论或文学史的大量介绍以多种方式传递给中国读者，对后者（特别是青年读者）拓宽眼界、提升文学修养有十分积极的意义。

好的内容只有和人们发生接触，才有可能发挥作用，使它的读者产生感悟以至付诸行动，因此媒体的作用不可小觑。前文提到的介绍西方文学知识的文字，有许多正是发表在近代中国江南基督宗教文人主办的报章杂志上。在出版领域，这一群体同样取得了显著的成绩。从王韬、李问渔到谢洪赉、奚若，优秀的出版家和编辑持续涌现，出版的作品在社会上建立了良好的声誉，也为不同人群提供了多元的文学交流平台。如果说书籍主要承载了编者与作者的交流，那么报章杂志则是同时面向编者、读者和作者的更广阔的平台。很多报章杂志设置了文学专栏，还有刊载文学作品的专刊。这些报章杂志针对的读者群也各不相同，有的面对全体社会大众，有的主要面向那些受过一定教育的青年读者，有的则以市民工薪阶层为主要阅读对象。不同阶层的写作者都可以找到展示和讨论文学作品的平台，这些平台对那些并非职业或在文坛上声名不彰的作者尤其富有吸引力。另外，由于报章杂志的创办者或主理人是基督宗教信徒，持相同宗教信仰的文人不必担心自己的“边缘化”身份，可以更自由地表达自我，这亦激发他们的参与热情。总之，近代中国江南基督宗教文人通过文字出版事业为来自不同阶层的读者提供了各具特色的文学交流平台，对文学爱好者（特别是中国基督宗教文人）在互相切磋中不断提高文学素养和创作水平起到了切实的推动作用。

虽然取得了诸多成绩，近代中国江南基督宗教文人在文学领域也有明显的不足，最直观的就是作品质量参差不齐。从笔者已见资料看来，该群体大部分文学作品的作者或翻译者集中于少数几人，而这些人中又有相当一部分是报章杂志的重要编辑，以自己的大量著译充实所编刊物的内容，其中难免有匆忙之作。至于其他人发表的作品，也不时可见文字应酬、平铺直叙等现象，在艺术性上有所欠缺。这种质量参差的情况，在整个群体第一代人物的作品里尤为突出。此外，近代中国江南基督宗教文人在文学上的自觉探索还不够深入：在题材上，虽然结合基督宗教文化有所创新，但基本还处于简单的“套用”或“嫁接”阶段，大多直接讲述宗教故事，描述宗教场面，或是把宣教色彩浓郁的故事安排在本土背景里展开，而较好融合基督宗教文化与中国本土文化的题材设置尚不多见。在表达方式上，这一时期的说教气息还比较重，往往是将基督宗教文化与中国文学的传统表达形式（如律诗、章回体小说等）加以拼接，语言也以文言为主。与将基督宗教精神渗透入世俗题材，借鉴欧化文体，大量使用白话文写作的现代中国作家相比，近代江南基督教文人的探索深度有一定的欠缺。

基督宗教固然在题材、内容、词汇等方面提供了新的资源，但负面影响也不容忽视。在教育体制处于转型期的近代中国，教会教育的水平直接影响基督宗教信徒的文化素养，进而影响他们在文学界的成绩与地位。如果教会提供的教育程度有限，受其教育的中国信徒往往很难在文学界有出众的表现。从近代中国新教文人和天主教文人的比较中，很容易得出以上结论。如果考察活跃在近代中国文坛的基督宗教文人，信仰新教者占了绝大多数，其著译的数量和总体质量也优于天主教文人。与大力发展高等教育的在华新教教会相比，在华天主教教会的教育服务长期以初等、中等教育为主，1903～1922 年中只有震旦大学一所高等院校，将这一背景与文学史上的情况对照，不难找出其中的联系。另外，教会内部的氛围也是重要的影响因素。天主教方面，直到“五四”之后，中国教会内部对文学仍缺乏足够重视。1935 年，天主教人士黎正甫发表文章，不满中国“公教文学”（即兼具天主教精神与文学要素的文字作品）的荒芜：

> 我们中国的公教文学，现在可说非常缺乏。已经有的，只是载道艰深晦涩的文字，或粗浅鄙俚的白话，这些不能称为文学，不可称为文学，即能称，也不过是一些在文学上并不重要的论理文比较发达罢了。因为中国的公教文学还很缺乏，纯文学的作品还没有，所以我们须要提倡。[①]

20 世纪 30 年代的情形尚且如此，1919 年以前中国天主教教会内部的文学著译就更可以想见。事实上，一些很有声望的近代中国天主教文人如李问渔、马相伯也确实对文学的理解有偏颇，尤其对“淫词小说”大为排斥。在新教方面，虽然教会对文字事业的态度相对宽容，但在作品题材和思想感情方面也曾出现过分歧。需要说明的是，不管是在天主教还是在新教内部，对文学的抑制倾向不仅体现于从上到下的教会权威意见，也存在于一些中国信徒自发形成的认知里。这些中国信徒十分虔诚，以是否符合基督宗教教义（跟随教会方向也是教义的重要组成部分）为生活的至高准则，一旦某些文学作品或文学活动存在与教义冲突的可能，他们会毫不犹豫地加以排斥。新教教会在中国近现代文学史上的意义比天主教教会更为深远，除了重视教育事业，也离不开其立身之道——与世俗世界保持积极联系，主动结交中国的精英阶层。由既往资料看来，活跃在文化界的近代中国江南新教文人往往“跨”宗教与世俗两界，交游对象为工作伙伴或教友，还有不少从事文化行业的世俗人

---

① 黎正甫：《由电影小说谈到提倡公教文学》，载刘丽霞《中国基督教文学的历史存在》，社会科学文献出版社，2006，第 169 页。

物。他们成为文化沟通的桥梁，为思想的交流碰撞创造环境，也确立了自己的独特优势。而天主教方面的情况正好相反，在本书所讨论的时间范畴内，天主教文人往往倾向于在教友圈中切磋文艺，与外界联系的渠道和频次比较有限，因此要跟上时代的文学新思潮、新动向自然比新教文人困难许多，文学上发展、提高的机会也随之受限。

第二节　近代中国江南基督宗教文人在当时文学界的影响

近代中国江南基督宗教文人的著译中，一些作品问世后即在社会上引起很大反响。多部最初连载于报刊的小说出版了单行本，销至全国各地，后来又多次再版；个别作品（如王韬参与翻译的《麦须儿诗》和《祖国歌》）被报刊多次转载，得到当时社会名人的赞扬与推荐，后来还被收入学生读物。一些译作在开创某一语种（作家）中文翻译的同时，也具有一定的示范意义。

可观的读者数量是近代中国江南基督宗教文人产生巨大影响的重要基础。通过经营出版事业，近代中国江南基督宗教文人集聚了庞大的读者群。以 1903 ~ 1909 年青年会对书报销售量的统计为例，可以一窥读者数量增长的趋势（见表 2）。除了独立经营出版事业，他们也参与其他出版机构（媒体）的工作，同样取得了一定的影响，如王韬与申报馆的合作以及谢洪赉、奚若等人与商务印书馆的合作。

表 1　1903 ~ 1909 年青年会书报销售量统计（单位：册）*

类别 \ 年份	1903	1905	1907	1908	1909
经课	297	1912	2513	4786	7233
布道丛书	无	无	181	682	1503

续表

类别＼年份	1903	1905	1907	1908	1909
青年会小丛书及图表	1278	415	3639	5468	9503
青年报[1]	17400	22400	35750	36860	52500

* 根据《青年》上的《历年书籍报章销售比较表》整理，参见《历年书籍报章销售比较表》，《青年》1910 第 13 卷第 3 期，第 1 页。

〔1〕很可能指《青年》及其前身《青年会报》。赵晓阳《中国基督教青年会早期文字贡献者谢洪赉及著述目录》引用《中华基督教青年会全国协会报告第九次全国大会书》等资料，称《青年》1908 年销售 3700 份，1910 年售 56252 册，1911 年达 69977 册，1912 年销量维持在 64086 册。参见赵晓阳《中国基督教青年会早期文字贡献者谢洪赉及著述目录》，载卓新平、许智伟主编《基督宗教研究（第九辑）》，宗教文化出版社，2006，第 331 页。

教育事业和社会组织活动，是近代中国江南基督宗教文人在当时产生影响的另一条途径。通过几十年的努力，在华基督宗教教育事业取得了长足的发展。仅就新教而言，根据 1877 年传教士大会记录，1876 年全国教会学校有 4909 名学生，而 1918 ~ 1919 年，学生数量达到了 212819 人。① 江南地区教育资源丰富，是基督宗教在华传教的重要区域，教会学校学生不在少数。教会学校开设的外国语言文化课程打开了中国学生的视野，也帮助他们掌握了学习西方文明的工具。教会学校学生和基督宗教参与的社会团体的成员主动开办补习班，向贫家子弟传授简单的文化知识。此类举措虽然不会在文学发展方面起到迅速直接的效果，但客观上增加了识字平民的人数，为文学作品（尤其是文字浅近的作品）培养了更多的潜在读者。在演讲、辩论、演剧等活动中，基督宗教文人不仅提高了自己的表达能力和文化修养，也为当时的中国社会展示了新鲜的文化资源，对改变国人某些固有观念、启发人们探索新的表达方式和技巧有不可忽视的推动作用。

以上影响并不局限于江南地区。清末民初阶段，江浙两省（当时上

① 参见严锡禹《基督教与新文化运动》，《金陵神学志》2009 年第 2 期。

海尚隶属于江苏省）一直是在华基督宗教的重要教区，许多教会的出版机构、教育机构和社会组织（总部）都选址于此，足见江南地区之于中国基督宗教文化发展的重要性。这一地区的基督宗教出版物不乏对中国其他地区书报杂志的评论推介，这在一定程度上促进了文学交流。江南地区的教会教育机构设立早、数量多，对其他地区有一定的示范意义，其培养的学子更是分布全国，至于以中华基督教青年会为代表的一些社会组织，皆以江南地区为日常运行与决策的中枢。由此看来，通过出版、教育和社会组织等多种渠道，近代中国江南基督宗教文人对当时文学界的影响地域颇广。

第三节　近代中国江南基督宗教文人与中国现代文学的联系

正如近代开启了中国新的社会形态，近代中国江南基督宗教文人也打开了通向中国现代文学的门径，具体表现在以下方面。

中国现代文学与新文化运动有着密不可分的联系，基督宗教文化恰是新文化运动中值得关注的因素。信仰新教的晏阳初曾在文章中写道："中国近代的大革命家、大政治家、大外交家，如孙中山先生、王正廷先生、余日章先生等，几乎没有一个不是受过基督教教育的造就。就是那班提倡新文化运动的人，也莫不是直接地或间接地受过基督教教育的影响的。"[①] 在具有标志性意义的《文学改良刍议》里，胡适论及"不避俗语俗字"时援引欧洲各国在宗教改革时分别以本国语言翻译《圣经》，民族文学遂逐渐兴起的例子，作为"活文学"取代"死文学"而

① 《金陵神学志》1933 年第 15 卷第 5 期，载夏俊霞《清末民初知识分子对基督的接纳与认同》，《世界宗教研究》1999 年第 3 期，第 83 页。

产生“言文合一之国语”的典范，提倡白话文学。[①] 钱玄同也曾表示：

> 我认耶稣基督是一千九百年以前一个倡导博爱、平等、牺牲各主义的伟人，他并且能自己实行。
>
> 我以为基督的可佩服，是由于他有打破旧惯，自创新说，目空一切，不崇拜谁的革命精神……
>
> 总而言之，我承认基督是古代一个有伟大和高尚精神的“人”，他的根本教义——博爱，平等，牺牲——是不可磨（原文为“摩”）灭的，而且是人人——尤其是现在的中国人——应该实行的……[②]

鲁迅曾在1908年的《摩罗诗力说》里肯定希伯来经典“虽多涉信仰教诫，而文章以幽邃庄严胜，教宗文术，此其源泉”[③]，1919年他又提出：“《马太福音》是好书，很应该看，犹太人钉杀耶稣的事，更应该看。”[④] 在新文化运动中，包括基督宗教文化在内的西方近代文化成为中国知识分子寻求救国救民良策的精神资源。

陈独秀在“五四”运动爆发次年发表了对基督宗教较为温和的言论：

> 宗教在旧文化中占有很大的一部分，在新文化中也自然不能没有他。[⑤]
>
> 现在主张新文化运动的人，既不注意美术、音乐，又要反对宗教，不知道要把人类生活弄成一种什么机械的状况，这是完全不曾

---

① 参见胡适《文学改良刍议》，《胡适文存》第一集，黄山书社，1996，第11页。

② 钱玄同：《钱玄同的回信》，载唐晓峰、王帅编《民国时期非基督教运动重要文献汇编》，社会科学文献出版社，2015，第28~29页。

③ 鲁迅：《摩罗诗力说》，《鲁迅全集》，人民文学出版社，1958，第195页。

④ 鲁迅：《寸铁》，载杨剑龙《论“五四”新文化运动与基督教文化思潮》，《世界宗教研究》2011年第3期。标点略作改动。

⑤ 陈独秀：《新文化运动是什么？》，《新青年》1920年第7卷第5期。

了解我们生活活动的本源，这是一桩大错，我就首先认错的一个人。[①]

我们今后对于基督教问题，不但要有觉悟，使他不再发生纷扰问题；而且要有甚深的觉悟，要把耶苏崇高的、伟大的人格和热烈的、深厚的情感，培养在我们的血里；将我们从堕落在冷酷、黑暗、污浊坑中救起。[②]

作为“五四”新文化运动的领军人物之一，陈独秀的言论在当时颇具影响力。上述关于基督宗教的言论，对这场运动的参与者们也有一定的提示意义。

中国现代文学史上，不少人物与近代中国江南基督宗教文人有着或多或少的联系。东吴大学毕业生、新教教徒陆志韦以 1923 年出版的《渡河》享誉“五四”诗坛。这部诗集被上海亚东图书馆收入“新诗集十种”，和胡适的《尝试集》、俞平伯的《冬夜》及汪静之的《蕙的风》等一起出版。朱自清在 1935 年所编的《中国新文学大系》诗歌卷里，收录了陆志伟的 7 首诗作，在数量上与戴望舒持平。[③] 林语堂是圣约翰大学的毕业生。赵紫宸、刘廷芳两人既是教徒，也是教会大学的毕业生（赵紫宸毕业于东吴大学，刘廷芳毕业于圣约翰大学），在中国现代基督宗教文学史上享有重要的地位。

---

① 陈独秀：《新文化运动是什么?》，《新青年》1920 年第 7 卷第 5 期。

② 陈独秀：《基督教与中国人》，《新青年》1920 年第 7 卷第 3 期。

③ 参见赵思运《“五四”激进文化背景下的诗人陆志韦》，《江苏社会科学》2011 年第 6 期。

结 语

本书最后，笔者试图简单回答在绪论中提出的四个问题。

第一，清末民初时期的中国江南基督宗教文人在自然科学和技术应用方面积极学习西方文明；在政治制度和社会事业方面，出于兴国安民的考虑，也往往提倡向西方文明借鉴学习；在道德和宗教信仰领域，他们则寻求基督宗教教义与儒家信仰间的终极共通，对细节上的种种差异或儒耶互释，或联系时势，尽量灵活处理，使之不与社会主流舆论发生冲突。

第二，江南基督宗教文人群体在当时的翻译界相当活跃，译介了许多作品，许多译者直接将西文译成中文，在清末民初时日文转译盛行的中国译坛尤显特别。一批译作文字优美流畅，不但受到同时代人的赞扬，并且广为流传、影响深远。在文学创作方面，这一群体出现了颇有影响力的作家、作品，还有许多作者、作品在文体、题材等方面进行探索。文学观念方面，除了与整个中国社会的时代思潮相呼应，许多近代中国江南基督宗教文人都联系具体的宗教生活或宗教经典展开文学批评。基督宗教的教义与文献可以成为这一群体的思想知识资源，具体的宗教生活可以启发和推动文学创作与批评，基督宗教教会开展的教育事业为一些翻译者和创作者打开了了解外国语言文化的窗户。

第三，在江南基督宗教文人知识输出与思想传播的过程中，出版事业、教育事业和社会活动都是重要的渠道。社会网络对其眼界的开阔、作品的流通具有重要影响，媒体更为跨地区的文学交流提供了平台。这一群体积极参与出版事业，在书报流通中不断扩大自身影响力，又在多种多样的教育事业和社会活动中增强与教徒和非教徒的联系，使世俗社会对基督宗教的了解和接受程度与日俱增。

第四，在文学译著和理论批评方面，近代中国江南基督宗教文人在基督教徒间的影响无疑塑造着中国基督教文学。对整个中国社会的影响而言，他们对青年学生的影响意义极为深远，这些青年学生日后恰成为“五四”新文化运动的中坚力量。中国现代文学与新文化运动有着密不可分的联系，而基督宗教文化恰恰也是新文化运动中不能排除的因素，对基督宗教的质疑与批评，亦印证了近代中国江南基督宗教文人在社会上的影响之大。在中国现代文学史上，不少人物都与近代中国江南基督宗教文人存在联系。

近代中国江南基督宗教文人是一个特殊的群体，他们在较早接触欧美近代文明，有中西文明碰撞交融的印记的同时，也承受了由此带来的身份困惑。他们同明末清初的中国天主教文人们一样，倾其心力探寻文化融合的道路，但面临的是更加复杂多变的政治局面和社会环境，因而在文字事业上也发生了相应的变化。人们提到这一群体时往往将目光聚焦于其中的若干名人，但是应该看到，至少在文学领域，还有很多默默无闻的近代中国江南基督宗教文人着意探索、勉力实践，或与同好交流，或与大众往来，和其他同伴一起绘成了群体的历史肖像。在近代中国江南基督宗教文人的文学翻译、文学创作与文学批评中，很早就显示出将基督宗教文化和中国传统文化结合的倾向。虽然在这一方向上的探索仍不够深入，取得的成果也比较有限，但他们谋求文化的融合与转换。他们在探索过程中显露的问题，仍然值得当今研究者和创作者借鉴。如何吸收外来文化的精粹，接受并运用新生事物，同时又保持本土文化特性，赢得本土读者的欣赏与尊重，是文学领域永恒的话题。

附　录

关于奚若的生平

无论是在基督教的文字事业中，还是在世俗的文学史上，奚若（1880－1914）都占有一席之地，而研究者对其生平知之甚少。目前所知对奚若生平的研究见于以下论著：郭延礼《中国近代翻译文学概论》，陈应年《奚若，一位被人们遗忘的翻译家》，樽本照雄《汉译〈天方夜谭〉》，李凯《东吴名人：被遗忘的翻译家奚若》《夜读〈雁来红〉》《再谈翻译家奚若》等。① 这些文章分别引用国内外不同类型的文献，从多个角度介绍奚若的生平，归结起来大致有如下内容。

1. 奚若，字伯绶，笔名“天翼”，江苏元和（今苏州市）人。

---

① 郭延礼：《中国近代翻译文学概论》，湖北教育出版社，2005；陈应年：《奚若，一位被人们遗忘的翻译家》，《中华读书报》，1997 年 7 月 14 日；〔日〕樽本照雄：《汉译〈天方夜谭〉》，原文为日文（标题：漢訳アラビアン・ナイト），参见 http：//www. biwa. ne. jp/tarumoto/k670 2. html；李凯：《东吴名人：被遗忘的翻译家奚若》，参见 http：//hi. baidu. com/chi_an_ li_ shi/blog/item/65bbf5edef6c7d4d78f0552e. html；李凯：《夜读〈雁来红〉》，参见 http：//hi. baidu. com/chi_an_li_shi/blog/item/2c4875f41e10bcdbf3d38560. html；《被遗忘的东吴名人，翻译家奚若——兼谈 1903 年之〈雁来红〉及其他》系前两篇整合而成，参见 http：//hi. baidu. com/chi_an_li_shi/blog/item/bc05d888f1edff9ea5c27278. html；李凯：《再谈翻译家奚若》，参见 http：//blog. sina. com. cn/s/blog_6ad1e4c40100z7tf. html；李凯：《奚若（伯绶）之简历》，参见 http：//blog. sina. com. cn/s/blog_6ad1e4c401010im0. html。邢政女士在百忙中帮我翻译日文文章，特此致谢。

2. 奚若是教会学校毕业生。他曾就读博习书院，1899 年转入中西书院，后入东吴大学，兼任格致帮教，1910 年毕业。1910 ~ 1911 年留学美国，在奥柏林神学院（Oberlin Theological Seminary）取得文学硕士学位，之后回国。

3. 小说林社曾出版过奚若参与翻译的作品。

4. 奚若与商务印书馆关系密切。留学前他已在商务印书馆的速成小学师范讲习所和编译所任职，归国后他继续参与该馆的编译工作，1912 年 6 月当选商务印书馆董事（共七人）；他为商务印书馆编译的书籍也为数众多。可以看出，奚若不仅是商务印书馆的老员工，而且具有一定的地位。

5. 奚若是中华基督教青年会（下文简称“青年会”）的成员，1911 年回国后任《进步》杂志编辑。

笔者在查阅《青年》和《进步》杂志时找到几则材料，或许可对以上内容略做补充。在奚若留学的年限方面学界已经基本达成共识，而他自取得学位后直至归国的行程则未见材料。1911 年《青年》上的一则材料预告了奚若这段时间的安排。

> 奚伯绶君自去岁东渡留学美国屋白林大学，已届一载。今于八月间毕业，得文科学士学位，此后专事游历，考察美洲会务，兼调查各大新闻杂志社组织法，周咨博采，荟萃精华，以备归国经营一切之资料。闻其归程将道由欧洲，一历各大都名城，以恢扩其见闻。于阳历十二月初旬当可抵沪。临风寄慕，于君有厚望焉。①

由这则材料可知，奚若毕业后并未马上回国，而是在“美洲”游历考察，为日后国内的工作进行准备；在归程的路线上，他也选择借道欧洲，遍览“各大都名城”增广见闻，预计 1911 年 12 月初到达上海。

---

① 《个人消息》，《青年》1911 年第 14 卷第 10 期。

美洲考察的主要内容——“会务”，应当如何理解？下面的《江南学塾青年大会纪实》节录可以提供一些线索。

> 宣统元年元月晦日，晚七时，江浙二省学塾青年大会，聚于沪上之中央青年会所。计到者有宁波之浸会中学堂，杭州之育英书院、蕙兰学堂，嘉兴之秀州书院、江阴之励实学堂，苏州之福音医院、桃坞中学堂，上海之中西书院、圣约翰大学堂、浸会大学堂、浸会学道院、明强中学堂、清心书院、惠中书院、麦伦书院，及中央青年会，凡使员四十二位，及如君雅德、裴君德士、骆君维廉、奚君伯绶四干事。先由浸会学道院教授，董君景安开会，以万事当求上主之荣为题，演讲一番，……。讲毕，公推奚君伯绶为议长，众意佥同，……[①]

1909 年初，江南（即江浙两省）学塾青年大会在上海举办，除了中央青年会，江浙各地 14 所学校的青年会也派代表与会。会上级别较高的“干事”共有四人，分别为如雅德（Arthur Hugh）、裴德士（William Bacon Pettus）、骆维廉（William Wirt Lockwood）、奚伯绶（即奚若）。此时如雅德与骆维廉均为上海基督教青年会干事，骆氏更担任总干事一职[②]，能与他们并列，可见奚若在青年会中的地位。奚若系该会议四名干事中的唯一华人，更可看出其在江浙两省青年会中受到中外双方的共同认可，会上对推举奚若为议长的提议“众意佥同”亦是佐证。就此推断，奚若所要考察的“会务”应是青年会的运营情况。另外，奚若日后在青年会的影响似乎并不限于江浙：根据上海青年会历年董事部成员名单，奚若在 1912～1913 连续两年入选时的身份是“全国协会干事”。[③]

① 奚若（题名“天翼”）：《江南学塾青年大会纪实》，《青年》1909 年第 12 卷第 3 期。

② 张志伟：《基督化与世俗化的挣扎——上海基督教青年会研究（1900～1922）》，台湾大学出版中心，2010，第 470 页。

③ 张志伟：《基督化与世俗化的挣扎——上海基督教青年会研究（1900～1922）》，第 474 页。

奚若毕业后除了考察“会务”，还“调查各大新闻杂志社组织法”，这也是为回国所做的准备之一。回到上海后，他立即投入青年会的书报编辑工作。在青年会发表的1914年报告里特别提到逝世的奚若：

> 所可悲者，奚君伯绶负编辑之重责，五年于兹矣，忽于本年之秋，奄然长逝，不特为编辑部所惋惜，亦全国基督教会所宜同声嗟悼者也。君自东吴大学毕业后，即留学美国俄柏林大学，既毕业，得硕士学位。归国后，任《进步》杂志主笔，以近世文化与科学之进步，贡献于我国学者，而遂成全国有数之杂志焉。寖假而君不遽死，则其成功岂可量耶！呜呼！[①]

留学回国（1911年）后任《进步》主笔，到1914年逝世，奚若已在青年会担任了五年的编辑工作，在传播“近世文化与科学之进步”方面贡献尤为突出。

在1914年发行的《进步》第六卷第五号上刊登了一则启事，对奚若的情况亦有介绍。

> 天翼奚君名若，字伯绶，吴县人。弱冠后毕业东吴大学，游学美国，得文学士学位[②]。一九一一年冬间，返国任本杂志编辑，历二载有奇。本年三月间，忽撄末疾，淹滞床蓐者百数十日，竟于八月二十四日化去，年三十五岁。奚君学问才具，卓尔过人，热心宗教，年力富强，方冀大有作为，造福斯世，即本杂志译政，亦正资依赖，溘然长逝，何胜惘惜！特志于此，以申悲悼。本社谨启。[③]

---

① 《一九一四年中国基督教青年会报告（附表）》，《青年》1915年第18卷第6期。

② 这里对学位的表述与1911年《青年》上的表述一样，但文中也说到奚若是在东吴大学毕业后才去美国取得学位，因此“文学士”只是对“硕士”的一种不准确表达。

③ 《进步》1914年第6卷第5期。标点为笔者所加。

这则启事所记载的奚若生平大体与学者们的研究相符,[①] 还补充了他患病的时间，并特别指出奚若是为《进步》提供译文的主力，未像1914年青年会报告那样称其为“主笔”。通览《进步》创刊号（1911年11月发行）的目录，里面没有署名奚若（或笔名“天翼”）的文章，反而有不少文章署名“皕诲”（即范祎，曾担任林乐知助手），其中还包括发刊词。直到1912年1月发行的第一卷第三号，“天翼”才出现在目录中——《保存健康之浅言》，也正是从这期开始，奚若和范祎的文章一起出现在《进步》上，这种局面一直持续到奚若逝世。总体来说，奚若的文章以译著为主，多编译介绍国外社会、科学新知，社论则常由范祎执笔，后者发表的其他文章多拈旧时典故，谈人文艺术。1912年6月《进步》上的《进步杂志价目表》，在“编辑者”一栏署的是“东吴　奚若　范祎”。[②] 由这一署名来看，《进步》杂志由两位编辑——奚若和范祎共同主编；虽然加入稍晚，奚若在《进步》杂志的地位略高于资历更深的范祎。

综合以上所引的资料可以得到下列信息。

1. 奚若在青年会有很深的资历。他在赴美留学之前已经在江浙青年会中具有一定地位，且受青年会中西双方共同认可的干事。最晚在1912年，他成为中华基督教青年会全国协会的干事，并在1913年连任。在青年会的编辑出版事业上，他的工作受到极高的评价。

2. 奚若1911年学成后游历欧美，于当年冬季担任《进步》杂志编辑直至去世。在该杂志的两位主要编辑中他的地位略高，主要负责译介国外科学文化知识和社会情况。

3. 奚若自1914年3月染病后一直卧床，同年8月去世。

---

① 《奚若（伯绶）之简历》引用奥柏林神学院档案，称奚若卒于1914年8月25日。参见李凯《奚若（伯绶）之简历》，新浪博客，2012年12月18日，http：//blog. sina. com. cn/s/blog_ 6ad1e4c401010im0. html。

② 《进步杂志价目表》，《进步》1912第2卷第1期。

最后，仍有两点问题值得深入探索。首先，奚若在青年会工作的经历仍然有待了解。与这一问题相关联的，是商务印书馆聘用奚若与青年会的关系。商务印书馆的四位创始人都曾是美华书馆的雇员，而美华书馆和青年会一样都有新教背景。1903 ~ 1919 年，这四位创始人里有三位都曾担任上海青年会的董事；在商务印书馆早期图书的译者中除了奚若，还包括青年会中的重要人物谢洪赉和颜惠庆等。[①] 从创始者到译者，早期商务印书馆与青年会的关系匪浅，那么它聘用奚若是否也是借助青年会的渠道，比如经青年会的会友引荐？1912 年奚若升任商务印书馆理事，是否也和他同年获选上海青年会董事部干事有关？[②]

其次，奚若何时开始青年会的编辑事业？按青年会 1914 年报告的说法，奚若在青年会从事编辑工作已有五年，以此推算，他最晚在 1910 年就参与了青年会书报部的工作，而人们现在可以确定的仅仅是他于 1911 年成为新杂志《进步》的编辑。如果奚若 1910 年已为青年会书报部服务，那么 1910 ~ 1911 年《青年》上若干署名“若”的文章（其中部分文章的内容是中国留美学生动态）是否就是他撰写的？这就牵涉以下问题：“若”是不是奚若的另一个笔名？留学期间，奚若是否曾向《青年》提供中国留美学生动态？他与这些留学生交往情况如何，在青年会与中国留学生互动的过程中扮演了怎样的角色？

探究上述问题，不仅能帮助人们更清晰全面地梳理奚若的生平，也有助于分析清末民初基督教对中国留学生在文化上的影响。

---

① 除 1905 年外，谢洪赉 1903 ~ 1908 年均担任上海青年会董事部干事；颜惠庆是上海青年会最早的骨干成员之一，1903 ~ 1905 年在上海青年会董事部担任司库，1906 ~ 1907 年任上海青年会董事部书记。参见张志伟《基督化与世俗化的挣扎——上海基督教青年会研究（1900 ~ 1922）》，第 58 ~ 59、471 ~ 472 页。

② 关于奚若任商务印书馆理事，参见张树年主编《张元济年谱》，商务印书馆，1991，第 105 页。关于奚若任上海青年会董事部干事，参见张志伟《基督化与世俗化的挣扎——上海基督教青年会研究（1900 ~ 1922）》，第 74 页。

参考文献

专著

[1]〔法〕布尔迪厄：《文化资本与社会炼金术：布尔迪厄访谈录》，包亚明译，上海人民出版社，1997。

[2] 陈春生、亮乐月：《五更钟》，美华书馆，清宣统元年印本。

[3] 陈玉堂：《中国近现代人物名号大辞典》，浙江古籍出版社，2005。

[4] 丁光训、金鲁贤主编《基督教大辞典》，上海辞书出版社，2010。

[5] 方汉奇：《中国近代报刊史》，山西教育出版社，1981。

[6] 顾长声：《传教士与近代中国》，上海人民出版社，2004。

[7] 顾卫民：《中国与罗马教廷关系史略》，东方出版社，2000。

[8] 郭延礼：《中国近代翻译文学概论（修订本）》，湖北教育出版社，2005。

[9]〔德〕哈特曼：《耶稣会简史》，谷裕译，宗教文化出版社，2003。

[10] 韩霖：《〈铎书〉校注》，孙尚扬、肖清和等校注，华夏出版社，2008。

[11]〔美〕韩南：《中国近代小说的兴起》，徐侠译，上海教育出版社，2004。

[12]〔美〕何凯立：《基督教在华出版事业（1912～1949）》，陈建明、

王再兴译，四川大学出版社，2004。

［13］胡适：《胡适文存》一集，黄山书社，1996。

［14］江文汉：《中国古代基督教及开封犹太人（景教、元朝的也里可温、中国的犹太人）》，知识出版社，1982。

［15］蒋敦复：《啸古堂诗集》，清光绪十一年刻本。

［16］焦竑：《澹园集》下，李剑雄点校，中华书局，1999。

［17］李奭学：《中国晚明与欧洲文学：明末耶稣会古典型证道故事考诠》，三联书店，2010。

［18］李天纲：《跨文化的诠释：经学与神学的相遇》，新星出版社，2007。

［19］李问渔：《答问录存》，土山湾印书馆，清宣统元年印本。

［20］李问渔编《古文拾级》，土山湾印书馆，1922 年印本。

［21］李问渔译《福女玛加利大传》，清光绪二十一年慈母堂铅印本。

［22］刘丽霞：《中国基督教文学的历史存在》，社会科学文献出版社，2006。

［23］鲁迅：《中国小说史略》，上海古籍出版社，1998。

［24］〔比利时〕利玛窦、金尼阁：《利玛窦中国札记》，何高济、王遵仲、李申译，何兆武校，中华书局，1983。

［25］《清代诗文集汇编》编纂委员会编《清代诗文集汇编》708，上海古籍出版社，2010。

［26］《清代诗文集汇编》编纂委员会编《清代诗文集汇编》773，上海古籍出版社，2010。

［27］〔法〕荣振华等：《16～20 世纪入华天主教传教士列传》，广西师范大学出版社，2010。

［28］上海图书馆：《中国近代期刊篇目汇录》，上海人民出版社，1979。

［29］沈毓桂：《匏隐庐诗稿》，清光绪二十二年铅印本。

[30] 沈毓桂：《匏隐庐文稿》，清光绪二十二年铅印本。
[31] 施蛰存主编《中国近代文学大系》翻译文学集三，上海书店，1991。
[32] 四库全书存目丛书编纂委员会：《四库全书存目丛书》子部第九三册，齐鲁书社，1995。
[33] 王国平：《博习天赐庄：东吴大学》，河北教育出版社，2003。
[34] 王韬：《遁窟谰言》，清光绪元年申报馆铅印本。
[35] 王韬：《淞滨琐话》，刘文忠校点，齐鲁书社，2004。
[36] 王韬：《淞隐漫录》，王思宇校点，人民文学出版社，1983。
[37] 王韬：《弢园文录外编》，上海书店出版社，2002。
[38] 王韬编《艳史丛钞》，汉文渊书肆，1929年印本。
[39] 吴历：《墨井集》，李问渔编，土山湾印书馆，清宣统元年印本。
[40]〔美〕西尔斯：《知识分子与当权者》，傅铿等译，桂冠图书公司，2004。
[41]〔古罗马〕西塞罗：《论演说家》，王焕生译，中国政法大学出版社，2003。
[42]《马相伯传记资料》，天一出版社，无出版时间。
[43] 项文惠：《广博之师：陆志韦传》，杭州出版社，2004。
[44] 谢洪赉编《后进楷模》，基督教青年会总委办处，1912年印本。
[45] 谢洪赉编《证道集》，CADAL民国书刊主站，2013年1月30日。
[46]《新旧约全书》，圣经分会，1980。
[47] 徐以骅、韩信昌：《海上梵王渡：圣约翰大学》，河北教育出版社，2003。
[48] 许起：《珊瑚舌雕谈初笔》，弢园王氏清光绪十一年（1885）印本。
[49]《续修四库全书》编纂委员会编《续修四库全书》1565，上海古籍出版社，2002。

[50]《续修四库全书》编纂委员会编《续修四库全书》576，上海古籍出版社，2002。

[51] 杨代春：《〈万国公报〉与晚清中西文化交流》，湖南人民出版社，2002。

[52] 张化：《上海宗教通览》，上海古籍出版社，2004。

[53] 张若谷：《马相伯（良）先生年谱》，文海出版社，1971。

[54] 张志伟：《基督化与世俗化的挣扎——上海基督教青年会研究(1900～1922)》，台湾大学出版中心，2010。

[55] 朱彬：《礼记训纂》，饶钦农点校，中华书局，1996。

[56] 朱维铮主编《马相伯集》，复旦大学出版社，1996。

[57] 朱维之：《基督教与文学》，上海书店，1992。

[58] 朱熹集传《诗经》，方玉润评，朱杰人导读，上海古籍出版社，2009。

[59] 卓新平、许智伟主编《基督宗教研究（第九辑)》，宗教文化出版社，2006。

期刊

[1]《教会新报》，华文书局，1968。

[2]《教会新报》，晚清期刊全文数据库（1833～1911）。

[3]《汇报：1898～1910》，广东教育出版社，2012。

[4]《礼拜六》，广陵书社，2005。

[5]《礼拜六》，晚清期刊全文数据库（1833～1911）。

[6]《青年》，晚清期刊全文数据库（1833～1911）。

[7]《进步》，CADAL 民国书刊主站，2014 年 2 月 12 日。

[8]《青年进步》，晚清期刊全文数据库（1833～1911）。

[9]《申报》，申报数据库。

[10]《通问报》，晚清期刊全文数据库（1833～1911）。

[11]《万国公报》，华文书局，1968。

[12]《万国公报》，晚清期刊全文数据库（1833～1911）。

[13]《兴华》，晚清期刊全文数据库（1833～1911）。

[14]《益闻录》，晚清期刊全文数据库（1833～1911）。

[15]《游戏杂志》，晚清期刊全文数据库（1833～1911）。

[16]《自由杂志》，晚清期刊全文数据库（1833～1911）。

论文及其他文献

[1] "A Brief History of Ying Wa College"，英华书院网站，https://www.yingwa.edu.hk/default.aspx? lan=2。

[2] "intellectual"，韦氏词典网络版，https://www.merriam-webster.com/。

[3] "literati"，不列颠百科全书网络版，https://academic.eb.com/。

[4] "literati"，韦氏词典网络版，https://www.merriam-webster.com/。

[5] 陈平原：《有声的中国——"演说"与近现代中国文章变革》，《文学评论》2007年第3期。

[6] 陈应年：《奚若，一位被人们遗忘的翻译家》，《中华读书报》1999年第7卷第14期。

[7] 程翔章：《近代翻译诗歌论略》，《外国文学研究》1994年第2期。

[8] 党月异：《略论王韬文学观念与文学创作的近代化》，《学术论坛》2009年第10期。

[9] 方维规：《"Intellectual"的中国版本》，《中国社会科学》2006年第5期。

[10] 葛伯熙：《益闻录·格致益闻汇报·汇报》，《新闻研究资料》1987年第3期。

［11］韩南、段怀清：《作为中国文学之〈圣经〉：麦都思、王韬与“〈圣经〉委办本”》，《浙江大学学报》（人文社会科学版）2010 第 2 期。

［12］韩南、姚达兑：《汉语基督教文献：写作的过程》，《中国文学研究》2012 年第 1 期。

［13］虎闱：《“文化社会之花”王钝根》，《图书馆杂志》2008 年第 5 期。

［14］黄霖：《民国初年“旧派”小说家的声音》，《文学评论》2010 年第 5 期。

［15］李长林：《〈马赛曲〉在中国》，《法国研究》1989 年第 3 期。

［16］李景光：《简论王韬的诗》，《社会科学辑刊》1988 年第 4 期。

［17］李景元：《王韬和他的翻译事业》，《中国翻译》1991 年第 3 期。

［18］李凯：《东吴名人：被遗忘的翻译家奚若》，百度空间，http：//hi. baidu. com/chi_ an_ li_ shi/blog/item/65bbf5edef6c7d4d78f0552e. html。

［19］李凯：《奚若（伯绥）之简历》，新浪博客，http：//blog. sina. com. cn/s/blog_ 6ad1e4c401010im0. html。

［20］李凯：《夜读〈雁来红〉》，百度空间，http：//hi. baidu. com/chi_ an_ li_ shi/blog/item/2c4875f41e10bcdbf3d38560. html。

［21］李凯：《再谈翻译家奚若》，新浪博客，http：//blog. sina. com. cn/s/blog_ 6ad1e4c40100z7tf. html。

［22］李亚丁：《马礼逊》，华人基督教史人物辞典，http：//www. bdcconline. net/zh－hans/。

［23］李亚丁：《谢洪赉》，华人基督教史人物辞典，http：//www. bdcconline. net/zh－hans/。

［24］廖一中：《论清政府与义和团的关系》，《历史研究》1980 年第 3 期。

[25] 林惠彬:《晚清基督教汉文小说〈五更钟〉》,《澳门文献信息学刊》2011 年第 4 期。

[26] 林婉婷:《书写传统与转拟世相:王韬志怪小说研究》,硕士学位论文,台湾政治大学,2011。

[27] 钱琬薇:《失落与缅怀:邹弢及其〈海上尘天影〉研究》,学位论文,台湾政治大学,2007。

[28] 沈亮:《黄品三》,华人基督教史人物辞典,http://www.bdcconline.net/zh-hans/。

[29] 宋莉华:《西方传教士汉学的分支:传教士汉文小说研究现状》,《国外社会科学》2008 年第 5 期。

[30] 宋莉华:《美以美会传教士亮乐月的小说创作与翻译》,《上海师范大学学报(哲学社会科学版)》2012 年第 3 期。

[31] 孙潇:《天主教在华第一份中文期刊《益闻录》研究》,硕士学位论文,西北大学,2011。

[32] 王樊逸:《在"救世"与"游戏"之间——王钝根编辑思想刍议》,《苏州科技学院学报》(社会科学版)2007 年第 2 期。

[33] 王洪涛:《中国传统译论基本理念的嬗变与衍化——马建忠"善译"理论之现代诠释》,《外语学刊》2005 年第 1 期。

[34] 王人恩:《日本森槐南〈补春天〉传奇考论》,《西北师大学报》(社会科学版)2003 年第 3 期。

[35] 吴晓樵:《鲁迅〈摩罗诗力说〉中的德国爱国诗人阿恩特》,《鲁迅研究月刊》2008 年第 8 期。

[36] 谢无量:《王韬——清末变法论之首创者及中国报道文学之先驱者》,《教学与研究》1958 年第 3 期。

[37] 徐华博:《李问渔与近代西学传播》,硕士学位论文,杭州师范大学,2011。

[38] 严锡禹:《基督教与新文化运动》,《金陵神学志》2009 年第 2 期。

[39] 严晓翚：《利玛窦〈交友论〉与明末士林》，硕士学位论文，上海师范大学，2007。

[40] 杨剑龙：《论“五四”新文化运动与基督教文化思潮》，《世界宗教研究》2011年第3期。

[41] 叶斌：《上海开埠初期伦敦会发展的基督教徒分析》，《史林》1998年第4期。

[42] 易惠莉：《晚清平民知识分子的西学道路——评王韬与沈毓桂西化思想背景的异同》，《社会科学》1991年第10期。

[43] 易惠莉：《西学东渐的中介：沈毓桂评传》，博士学位论文，华东师范大学，1991。

[44] 游斌：《王韬、中文圣经翻译及其解释学策略》，《圣经文学研究》2007第00期。

[45] 袁进：《从新教传教士的译诗看新诗形式的发端》，《复旦学报》（社会科学版）2011年第4期。

[46] 袁进：《近代演说与传教士》，《中国文学研究》2009年第2期。

[47] 张伟：《刘德斋：见证土山湾画馆的辉煌》，东方早报网。

[48] 赵思运：《“五四”激进文化背景下的诗人陆志韦》，《江苏社会科学》2011年第6期。

[49] 赵晓阳：《基督教〈圣经〉的汉译历史》，《维真学刊》（加拿大）2003年第2期。

[50] 赵晓阳：《基督徒与早期华人出版事业——以谢洪赉与商务印书馆早期出版为中心》，《青海师范大学学报》（哲学社会科学版）2009年第3期。

[51] 周志斌：《晚明“南京教案”探因》，《学海》2004年第2期。

[52] 邹振环：《近百年间上海基督教文字出版及其影响》，《复旦学报》（社会科学版）2002年第3期。

[53] 邹振环：《利玛窦〈交友论〉的译刊与传播》，《复旦学报》（社

会科学版）2001 年第 3 期。
[54] 邹振环：《土山湾印书馆与上海印刷出版文化的发展》，《安徽大学学报》（哲学社会科学版）2010 年第 3 期。
[55] 邹振环：《谢洪赉及其基督教著述》，“经典的翻译与诠释”国际学术讨论会，上海，2006 年 6 月。
[56]〔日〕樽本照雄：『漢訳アラビアン・ナイト』，清末小说研究会网站。

后　记

本书在我博士学位论文的基础上修订而成。研读近代文学史和文学批评史资料时，我意识到近代第一份中文刊物《察世俗每月统记传》、著名文人王韬、曾在教会学校学习的文化名人，以及重要出版机构商务印书馆等，都可以与基督宗教在中国的传播联系起来，因此开始关注近代文学与基督宗教的关系。进一步阅读文献后，我在导师黄霖教授的指导下确定了研究题目。缺乏可借鉴的同类研究、对基督宗教在华传播情况了解不够细致、需要从海量资料里筛选出可用于文学研究的内容，是我在研究中面对的困难。在“学习、思考—动笔—征询意见—修改”的不断循环后，博士学位论文终于定稿。本书修改了部分措辞，增补了对奚若生平的研究。我一直希望能发掘近代中国江南基督宗教文人中那些不为人所知的“大多数”，可惜因自己精力上的欠缺而进展有限。另外，由于学养还不够深厚，书中的观点仍有完善的空间，敬祈方家指正。如果有条件，我希望在大量文本分析和跨学科研究方法的支持下把研究做得更加扎实、深入，并且把研究地域从江南拓展到更多地区。

致谢的文字略长，但这其实还无法完全表达我诚挚的谢意。我要感谢母校复旦大学多年的培养，使我有机会结识众多优秀的老师和同学。我要特别感谢博士生导师黄霖教授，他渊博的学识、认真的工作态度、对学生的关心培养，都令我心生敬意。老师对学生要求严格，但当学生遇到困难时，他永远不吝鼓励，并且尽可能地给予帮助。当我最初想到研究近代基督宗教文人时，不止一次担心无法完成这个极为冷门、自己又不太熟悉的课题，是先生一次次鼓励我尝试，告诫我碰到不了解的知识就去学习，此外，他还在研究思路、研究资料等方面给我许多重要的提示。在搜集资料、写作论文的过程中，我遇到不少困难，常常感到沉重的压力，老师的鼓励和期望就成为我继续探索的强大动力。论文得以完成，离不开老师的教诲和鼓励。我还要向硕士阶段的导师黄毅老师表达感谢之情，是她严格的督促和热情的帮助，使我尽快适应了研究生的学生生活，为我日后的学习和研究打下了坚实的基础。此外，在复旦学习期间，我有幸聆听袁进教授、李天纲教授等优秀学者主讲的课程，并得到他们的指点，还参与学术讲座和学术论坛，向来自不同学科，不同国家和地区的研究者借鉴学习。由于论文涉及多个学科，资料又十分庞杂，搜集、阅读研究资料成了一件令人头痛的工作，在检索文献的过程中，我不时遇到各种问题，上海图书馆、复旦大学图书馆和各院系资料室的老师和同学们都不厌其烦地帮我解决。查找个别冷僻的近代小说资料时，上海图书馆的郭立暄老师和其他工作人员给予我极大协助。虽然无法一一列举他们的姓名，但他们的帮助我永远铭记在心。

学术的道路是寂寞的，正因如此，同行的伙伴显得更为珍贵。我很幸运，能够遇到众多出类拔萃的学子，并与他们成为同学。他们的出色让我看到努力的方向，不致在杂乱无章的纷扰中迷失自己；他们的包容与肯定驱散了我的孤独与困惑，让我的精神得以快乐生长；至于他们给我的各种知识、建议与提醒，更是无法估量的人生财富。师门中的每一位兄弟姐妹，与我有着相同志趣的同学和朋友，都曾为我的生活添加色彩。

我还要特别向浙江外国语学院、向浙江外国语学院中国语言文化学院的各位领导与同事致谢。在校工作六年多，我在各方面都学到很多，也受到许多关心、支持和帮助，本书能够出版，同样也有浙江外国语学院的功劳。感谢樊宝英教授为图书出版的辛勤奔走，感谢社会科学文献出版社各位工作人员的指正，他们为完善本书提供了许多有价值的意见建议。

最后，我要衷心地感谢我的父母。从一个念头到一篇构架完整的论文，这个课题用去了我将近三年的时间，从论文到书稿又过去了七年，是父母和我一起分享了其间的种种欢喜与焦虑。他们的支持与宽容，让我可以安心求学。这本小书，有他们极大的功劳，也是对他们微小的回报。

写书人也是读书人，有字之书也好，无字之书也罢，最终总会入心入脑。行文至此，我深知要感谢的人太多太多，却无法一一写下他们的姓名，那么就以这样一句结束吧：感谢每一个曾经走进我生活的人，感谢你们让我在一段段经历中学习如何观察世界，在学术研究的世界里上下求索。

图书在版编目（CIP）数据

近代中国江南基督宗教文人研究：1868－1919／边茜著. -- 北京：社会科学文献出版社，2021.10
（西溪丛书）
ISBN 978－7－5201－7918－8

Ⅰ. ①近… Ⅱ. ①边… Ⅲ. ①基督教－文人－人物研究－中国－1868－1919 Ⅳ. ①B979.2

中国版本图书馆 CIP 数据核字(2021)第 048229 号

·西溪丛书·
近代中国江南基督宗教文人研究（1868－1919）

著　　者／边　茜

出 版 人／王利民
组稿编辑／宋月华
责任编辑／孙美子
责任印制／王京美

出　　版／社会科学文献出版社·人文分社（010）59367215
　　　　地址：北京市北三环中路甲 29 号院华龙大厦　邮编：100029
　　　　网址：www. ssap. com. cn
发　　行／市场营销中心（010）59367081　59367083
印　　装／三河市尚艺印装有限公司

规　　格／开　本：787mm × 1092mm　1/16
　　　　印　张：12.75　字　数：177 千字
版　　次／2021 年 10 月第 1 版　2021 年 10 月第 1 次印刷
书　　号／ISBN 978－7－5201－7918－8
定　　价／128.00 元

本书如有印装质量问题，请与读者服务中心（010－59367028）联系

版权所有 翻印必究